中学校

学級担任のための

よくわかる
インクルーシブ
教育

課題解決
Q&A

編著者　半澤 嘉博

著　者　池本 喜代正 / 石坂 光敏 / 髙岡 麻美 /

増田 謙太郎 / 明官　茂　他

開隆堂

はじめに

　特別支援教育やインクルーシブ教育に関する理論や実践に関する書籍は，最近，数多く出版されているところですが，本書は，今後，日本において，ますます重要な取り組みとなるインクルーシブ教育の推進に向けての教育関係者への啓発を目的とした内容としました。本書出版のねらいは大きく2点あります。

1. 日本におけるインクルーシブ教育を強力に推進していく方向性を示しました。

　特別支援学校や特別支援学級での専門的な指導の重要性など，日本におけるインクルーシブ教育システムの体制やカスケードを基盤とすると共に，通常学級での在籍を原則とするフルインクルージョンも視野においた時代への流れを想定し，障害の重い児童生徒も通常学級に在籍し，教育を受けることの意義や重要性を肯定的にとらえたものとしました。そのため，「インクルーシブ教育システム」ではなく，あえて「インクルーシブ教育」の用語を使用しました。そして，それを保障するためのICF(国際生活機能分類)に基づく合理的配慮やユニバーサルデザインの推進に関しての学校の責務を強調しました。

2. インクルーシブ教育を推進していく際の様々な課題の解決策を具体的に示しました。

　インクルーシブ教育を推進していく際に生じる様々な学校経営上，学級経営上などの課題について，それらを「困難な事例」としての視点から例示し，その具体的な解決の方策を示しました。管理職向け，また，通常学級の担任向けを想定し，インクルーシブ教育の基礎・基本としての理解や想定される困難事例への対応に資する資料となるものです。

　本書シリーズは管理職向けと小・中学校の各担任向けの三分冊となりますが，どれも，内容構成としては，「理論編」「Q&A編」「資料編」の三部構成となります。

　「理論編」においては，国際的な動向や関連法令，また文部科学省や都道府県における施策などを踏まえ，基礎的な用語の定義や解釈をわかりやすく示しました。

　「Q&A編」においては，教育実践上の想定される対応や課題を例示し，その解決策や対応例を示しました。特に，保護者や児童生徒からの個別の配慮や支援の要求，合理的配慮の要求，授業でのユニバーサルデザインの対応，障害者理解教育や差別事象への対応，交流及び共同学習の実施上の課題など，現実的な課題を例示しました。

　回答は，原則的に，インクルーシブ教育の推進，障害のある児童生徒の受け入れ促進の視点からの解説としました。

　「資料編」においては，実際に学校現場で活用したり参考にしたりできる資料を示しました。重要な法令関係，学校だより，保護者や地域を対象とした障害者理解教育や保護者会での障害者理解教育の展開例，校内での特別支援教育体制の構築例，校内委員会や事例検討会の開催例，学校での障害者差別事象・判例などの対応例を掲載してあります。

　インクルーシブ教育の推進においては，通常学級の改革が極めて重要です。本書を読んでいただき，**管理職の先生方には学校経営の改善・工夫や教職員の意識改革につながる研修の実施，保護者対応，関係機関との連携などのヒント**が得られることを期待しています。

　また，**通常学級担任の先生方や教科担任の先生方には，学級経営や授業の改善・工夫や日常的・直接的な保護者対応などのヒント**が得られることを期待しています。

　さらに，**特別支援教育コーディネーターを兼務されている先生方には，各学校での組織的な体制整備や運営の視点でのヒント**が得られることを望みます。

東京家政大学教授　半澤 嘉博

もくじ

資料編

理 論 編

国際的な動向や関連法令，また文部科学省や
都道府県における施策などを踏まえ，
基礎的な用語の定義や解釈を
わかりやすく解説しています。

1 インクルーシブ教育とは，どんな教育のことなのでしょうか。

特別支援教育に関して，最近「インクルーシブ教育」という言葉をよく耳にするようになりました。でも，インクルーシブ教育とかインクルーシブ教育システムとかインクルージョンとか，似たような言葉もありよく理解できません。そもそもインクルーシブ教育とは何のことなのでしょうか。

1. インクルーシブ教育は「すべての児童生徒たちを包み込む教育」

「インクルーシブ」とは，英語で「包容する」とか「包み込む」という意味の言葉です。すべての児童生徒を包み込んだ教育という考え方であり，障害がある，国籍が違う，家庭が貧困である，などの事情で児童生徒を地域の学校から排除しないということです。

1994 年にユネスコが開催した国際会議で「Education for All(万人のための教育)」が唱えられ，障害の有無にかかわらず，希望すればだれもが適切な支援を受けながら地域の通常学級に通うことができるようにしていこうという方向性が示されました。

そして，2014 年 1 月 20 日に日本が批准した国連「障害者の権利に関する条約」の第 24 条において，「インクルーシブ教育システム」(inclusive education system : 包容する教育制度) を障害のある子どもと障害のない子どもが共に学ぶ仕組みとして定義し，障害のある者が「general education system : 一般的な教育制度)」から排除されないこと，自分が生活している地域において初等中等教育の機会が与えられること，個人に必要な「合理的配慮」が提供されることなどが必要と示しています。

障害のある児童生徒の学習を保障し，社会的な発達をさせることができる環境として，完全なインクルーシブ教育の実現に向けて歩むことは国際的な流れであり，「インクルーシブ教育」とは，

そのような新たな教育の方向性への理念を表しています。そして，その教育理念に向けての具体的な体制や仕組み作りも含めた取り組みを総称する際に「インクルーシブ教育システム」と表わしています。また，日本では 2012 年に文部科学省が示した「共生社会の形成に向けたインクルーシブ教育システム構築のための特別支援教育の推進 (報告)」においてインクルーシブ教育システムを定義し，その中で障害のある児童生徒の将来の自立と社会参加を見据え，通級による指導，特別支援学級,特別支援学校といった連続性のある「多様な学びの場」を用意して，最も適切な教育を提供できる仕組み (カスケード) を整備することも含めています。

● **インクルーシブ教育はだれにも優しい学校作り**
● **適切な支援ができる学校体制や環境整備と合理的配慮に基づく個別支援の充実が重要**

「インクルージョン (inclusion)」という用語は，障害のある児童生徒が共に学習できるようにする考え方や主張，手法などを表し，排除する意味の「イクスクルージョン (exclusion)」との対比でよく用いられます。

また，世界各国の戦後の歴史的な取り組みとして，「ノーマライゼーション (ノーマリゼーション)」「メインストリーミング」「インテグレーション : 統合教育」などの用語が用いられてきたこともあり

ますが、いずれも障害のある人を一般社会や一般的な教育制度に参加させていくことを目指した取り組みのことです。

2. 通常学級の中での障害のある児童生徒の教育と支援

それでは、インクルーシブ教育になると、今までの小・中学校や実際の授業はどのように変わるのでしょうか?

通常学級の中に、障害のある児童生徒や個別の支援が必要な児童生徒が多く在籍するようになります。しかし、通常学級の中では、一般的に同じ教科書を使って同じ学習をしていくいわゆる一斉授業が多く行われています。また、担任の教師も特に特別支援教育の専門家というわけではありません。理念として、障害のある児童生徒を他の児童生徒たちから排除しないで一緒に学習するということには賛成であっても、本当に障害に応じた適切な指導や支援ができるのかとの疑問が生じます。

インクルーシブ教育を進めるためには、まず、障害のある児童生徒などを受け入れるための学校体制作りが必要です。校長のリーダーシップの下、学校の全教職員や外部の専門家や支援者などの協力を得て、担任まかせにしないことが大切です。そのための特別支援教育コーディネーターの機能が重要となります。また、「個別の教育支援計画」に基づき保護者と情報交換を密に行い、合理的配慮の視点からの個別の支援を行い、児童生徒の成長や発達を共有することが大切です。さらに、障害のある児童生徒などが教室のあたたかい雰

囲気の中で、生き生きと学習や生活ができるためには、周りの児童生徒たちとの関わりが重要です。障害の社会モデルについて理解を深めたり、実践的なピアサポート(助け合い)のしかたを理解したりすることも、すべての児童生徒たちの大切な学習です。

3. インクルーシブな学級のイメージ

インクルーシブな学級作り・授業作りを推進していくためには、以下の取り組みが大切です。

①学級作りに関しては、心理教育プログラムなどを活用しての人間関係作りが有効です。グループエンカウンターやピアサポート活動、特別活動や総合的な学習の時間において、社会性を育むためのソーシャルスキルトレーニングやアサーショントレーニング、アンガーマネジメント、ストレスマネジメント、ライフスキルトレーニングなどを全員の児童生徒を対象として実施していくことで、だれもが自己肯定感や自己有用感を高めると共に、多様な他者の存在を尊重していくことができるようにしていきます。

②授業作りに関しては、授業のユニバーサルデザイン化を進め、すべての児童生徒が「わかる」「できた」という達成感を持つことができるような授業を展開していきます。また、時間や空間の構造化、作業量や刺激量の調整などにも配慮していきます。さらに、グループワークや様々な言語活動を通した協働的な学びの場を積極的に取り入れ、アクティブ・ラーニングを進めていきます。一人ひとりの児童生徒の得意な学習スタイルや教材を選べるようにすることも大切です。

また、特に個別の支援が必要な児童生徒については、学習面や行動面でのよい点を引き出し、個別の教育支援計画や「個別の指導計画」に基づき、個人内評価の視点からの評価による意欲づけに配慮していくことが大切です。

一人ひとりが大切にされ、一人ひとりが自分の得意なことを発揮できる学級経営がインクルーシブ教育の本質であり、ゴールではないでしょうか。

(東京家政大学教授　半澤　嘉博)

理論編

2 インクルーシブ教育における学級担任と教科担当の役割と責任は，どのようなことでしょうか。

インクルーシブ教育を進めていくためには，障害のある児童生徒の学習面と行動面，また，学級の中での人間関係などに関しての配慮が重要ですが，学級担任や教科担当としてどのような配慮を行っていけばよいでしょうか。

小学校や中学校においてインクルーシブ教育を進めていくためには，障害のある児童生徒が学校生活の中で様々な困難と出会う場面で，教師が適切な指導や支援を行っていけるかどうかが重要なポイントとなります。

インクルーシブ教育の推進においては，当然多くの困難が生じます。学校や学級内だけでは対応できないこともあるでしょう。しかし，そのような困難を一つひとつ解決していくことによって，インクルーシブ教育が実現し広がっていくのです。

困難だからこれ以上できない，無理だから諦めるといった教師の意識が全面に出てしまったら，インクルーシブ教育の限界は近いものとなってしまいます。今までやったことがないことであっても，また，新たなチャレンジであっても，限界を打ち破るための努力と挑戦が求められていることを忘れないでください。

特に小学校では，学級を中心とした集団生活の中で教科などの学習に慣れ，学習内容をていねいに積み上げていけるか，また，学級での集団行動に適応していけるかに関しての学級担任の役割と責任は重要となります。

中学校では，進学を想定した教科などの特質に応じた学習内容を確実に身につけていくことができるか，また，思春期を迎えて自我の意識の育成や幅広い人間関係の構築をどのように進めていくことができるか，などに関しての学級担任や教科担当の役割と責任は重要となります。

1. 学級担任の役割と責任について

まず最も重要な視点は，特別な支援を要する児童生徒に対して，その特徴や実態に基づいた通常学級において実施できる学習面・行動面での個別の配慮を確実に実施していくことです。教室環境の整備を含めてのユニバーサルデザインの取り組みと共に，個別の配慮の実施においては，合理的配慮の視点からの責任と成果の検証が大切です。

また，担任として，障害のある児童生徒の情報を学校全体で共有するための働きかけを積極的に行うことが重要です。保護者や関係機関との連携においても，特別支援教育コーディネーターが中心となって対応する場合でも，まかせっきりにしないで，学級担任の直接的な関与や意識を持つことが大切です。

学級において障害のある児童生徒を受け入れる雰囲気を作るためには，児童生徒の発達段階に応じた障害者理解教育が重要です。特別の教科道徳などによる授業や日々の学級指導を通して，思いやりの心情の育成，多様性の大切さ，人権意識の涵養などの視点からの障害者理解教育を継続的に実施していくことにも留意してください。また，障害者差別解消法の視点からは，学校内での障害を理由とした差別（いじめやからかいなど）の解消については学級担任の責任は重いと認識してください。

学級のすべての児童生徒に多様性を大切にし，将来の共生社会作りの担い手の意識を醸成する

のは学級担任です。障害のある児童生徒を受け入れる寛容性のある雰囲気を醸し出すことは，学級担任の一番の役割と責任であると考えます。

2. 教科担当の役割と責任について

各教科の担当教員は，特別支援教育コーディネーターや学級担任などと障害のある児童生徒に関する情報共有を行い，その特徴や実態に基づき，担当する教科の指導に関しての配慮を確実に実施していくことが大切です。すべての児童生徒への授業のユニバーサルデザインと共に，合理的配慮の視点からの個別の支援についても十分配慮していきます。

学習支援員や特別支援教育支援員などが配置され，個別支援を行う授業体制のときには，教科担任との事前の打ち合わせや事後評価を行い，効果的な支援の継続が重要です。

中学校においては，特に教科による学習内容・方法の違いが大きかったり，教科担当の教師が異なったりすることから，各授業のスタイルや展開が大きく異なります。生徒にとっては，授業ごとまた教師ごとに学習のしかたが異なることで，混乱ややりにくさが生じることもあります。障害のある児童生徒の学習状況や理解度などを確認しながら，必要となる合理的配慮について検討していくことが大切です。

3. インクルーシブ教育推進のための留意点

インクルーシブ教育を推進していくために，学級担任や教科担当には以下の四つの役割が重要であるといわれています。

(1) コラボレーション(協働学習)

障害のある児童生徒が通常学級に在籍しているとき，心理的に孤立したり，他の児童生徒との関わりがなかったりする環境は適切ではありません。学習や活動の完成度やペースが他の児童生徒と違っていても，協働的な学習や活動に参加させていく方法を工夫することに留意してください。

(2) 合理的配慮

障害による学習面や生活面での困難さを解消していくための合理的配慮については，個別かつ組織的に検討していく体制の中で，学級担任や教科担当からの情報が一番重要になります。授業や学級での様々な活動の中で，具体的にどのような困難さがあるのかをしっかりと把握して，必要な合理的配慮を検討していくことに留意してください。

(3) 根拠(ドキュメンテーション)

「個別の教育支援計画」や「個別の指導計画」で示した個別支援には，その対応が必要な理由が明確になっていなければなりません。その対応が本当に成果を挙げたのかどうかを客観的に評価することも重要です。知的障害だから発達障害だからこういう対応をすると単に決めつけたり，一様に行ったりするものではないことに留意してください。

(4) コミュニケーション

障害のある児童生徒が学校内で他の児童生徒と自由にコミュニケーションできる機会を多くすることに留意してください。また，その児童生徒の保護者や関係機関との情報共有のためのコミュニケーションも重要です。

児童生徒どうしの関わりを増やすことにより，障害のある児童生徒とどのように接したり，コミュニケーションをとっていったりするかを学ぶことができます。場合によっては失敗やトラブルもあるかと思いますが，児童生徒たちがその過程でインクルーシブ教育の大切さを学んでいくことが大切ではないでしょうか。

(半澤 嘉博)

3 合理的配慮とは，どんなことでしょうか。

最近, 学校で「合理的配慮」という言葉をよく耳にします。何か配慮する必要があることはわかりますが, どんなときに, だれに, どのような配慮をしたらいいのか, 実はよくわからないのです。

1. 合理的配慮の定義

「合理的配慮」については，「障害者の権利に関する条約」(以下，障害者権利条約)に採用されたことで，一般的に知られる概念になりました。障害者権利条約第2条では，「合理的配慮とは，障害者が他の者との平等を基礎として全ての人権及び基本的自由を享有し，又は行使することを確保するための必要かつ適当な変更及び調整であって，特定の場合において必要とされるものであり，かつ，均衡を失した又は過度の負担を課さないものをいう」と定義しています。

また，障害者権利条約第24条では，教育についての障害者の権利を認め，この権利を差別なしに，かつ，機会の均等を基礎として実現するために，障害者を包容する教育制度(inclusive education system)などを確保することとしました。その権利の実現にあたり必要なものとして，「障害のある者が一般的な教育制度(general education system)から排除されないこと」「生活する地域において質が高く，かつ無償の，初等中等教育の機会が与えられること」「個人に必要な『合理的配慮』が提供されること」を位置づけています。

ここまでは条約の内容から見てみましたが，簡単には理解できない部分も多いので，細かく説明してみたいと思います。もともと，障害とは目が見えない，歩けないなどその人が持っている性質から生ずると考えられていましたが，そうした性質のために働けない，様々な活動に参加できない

ような社会の仕組み(人々の偏見,建物,制度など)にも問題があると考えられるようになりました。

例えば，車椅子を利用している人が，一般の人と同様にバスや電車を利用することができたり，建物にエレベーターなどが設置され一人で目的の場所に行くことができたりすれば，障害による移動の不利益は少なくなります。

障害者権利条約では，障害のある人が不利になるのはその人の機能障害のせいではなく，機能障害のことを考えないで作られた社会の仕組み(社会的障壁)に原因があると考えています。この社会的障壁を超えやすくする具体的な取り組みが合理的配慮の提供と考えてください。また，合理的配慮は原文(英語)では，「reasonable accommodation」と表記されています。「合理的(配慮)」と訳されていますが，実際には「便宜」「助け」と解釈するとよりわかりやすくなります。

2. 学校現場での合理的配慮

合理的配慮は具体的にどのように考えればよいのでしょうか。文部科学省では，障害のある児童生徒などに対する教育を小・中学校で行う場合，合理的配慮の提供として考えられる事項を次のように示しています。

・教員，支援員などの確保
・施設・設備の整備
・「個別の教育支援計画」や「個別の指導計画」に対応した柔軟な教育課程の編成や教材などの確保
　また，次の表は，障害種別に教育場面で考えら

れる合理的配慮に関して具体例を示したものです。視覚障害や肢体不自由などの身体障害の場合は比較的わかりやすいですが，発達障害などの場合は，周囲にわかりにくい障害なので，合理的配慮も障害の実態に応じて変わってきます。

　特に，中学校などでは他の生徒への理解が進まないと特別扱いしているように見えてしまいます。ある意味，障害者理解をどのように進めるかが課題になります。

合理的配慮の例（教育場面）

視覚障害（弱視）のAさん
【状態】矯正視力が0.1で、明るすぎるとまぶしさを感じる。黒板に近づけば文字は読める。
○廊下側の前方の座席
○教室の照度調節のためにカーテンを活用
○弱視レンズの活用

学習障害（LD）のBさん
【状態】読み書きが苦手で、特にノートテイクが難しい。
○板書計画を印刷して配布
○デジタルカメラなどによる板書の撮影
○ICレコーダーなどによる授業中の教員の説明等の録音

肢体不自由のCさん
【状態】両足にまひがあり、車椅子を使用。エレベーターの設置が困難。
○教室を1階に配置
○車椅子の目線に合わせた掲示物等の配置
○車椅子で廊下を安全に移動するための段差を解消

知的障害のDさん
【状態】知的発達の遅れがあり、短期的な記憶が困難。
○話し言葉による要点を簡潔な文字にして記憶を補助

病弱のEさん
【状態】病気のため他の子供と同じように、運動することができない。
○体育等の実技において、実施可能な課題を提供

聴覚障害（難聴）のFさん
【状態】右耳は重度難聴、左耳は軽度難聴。
○教室前方・右手側の座席配置（左耳の聴力を生かす）
○FM補聴器の利用
○口形をハッキリさせた形での会話（座席をコの字型にし、他の児童の口元を見やすくする など）

※文部科学省資料より

　また，合理的配慮は，障害者からの意思の表明があった場合，実施に伴う負担が過重でない場合は基本的に対応しなくてはなりません。児童生徒本人からの意思表明が難しい場合は，保護者の意向を尊重したり，学校側から配慮したりするなどの取り組みが必要になります。

3. 基礎的環境整備と合理的配慮

　中央教育審議会では，障害のある幼児児童生徒の支援について，国や地方公共団体が合理的配慮の基礎となる教育環境の整備を行うことが示されました。これが，基礎的環境整備にあたります。右の図を見ていただくとわかるように，基礎

的環境整備は各学校が行う合理的配慮の基盤になります。専門性のある先生・支援員などの配置や施設・設備の整備，個別の教育支援計画などの作成や指導，教材の確保などは基礎的環境整備にあたり，この部分が充実すると，合理的配慮の基礎の部分が大きくなります。各学校が，一人ひとりへより充実した合理的配慮を行うことができます。

　反対に基礎的環境整備が充実していないと，各学校では一人ひとりに対する合理的配慮の内容を増やさなければならず，十分な支援をすることが難しくなります。合理的配慮はあくまでも一人ひとりに応じた対応になりますが，その基盤となる基礎的環境整備を充実させることがこれからは必要になってきます。

合理的配慮と基礎的環境整備の関係

設置者・学校が実施

Aさんのための合理的配慮
Bさんのための合理的配慮
→ 合理的配慮

国、都道府県、市町村による環境整備
→ 合理的配慮の基礎となる環境整備（基礎的環境整備）

※参考:中央教育審議会初等中等教育分科会「共生社会の形成に向けたインクルーシブ教育システム構築のため特別支援教育の推進（報告）」2012年7月より

　合理的配慮は，一人ひとりの障害の実態に応じて違ってきます。文部科学省（各省庁や地方自治体も同様）が公開している，合理的配慮の具体例や，国立特別支援教育総合研究所が「インクルDB」で公開している，合理的配慮の実践事例（422事例以上）は，学校別・障害種別に幼児教育から高等学校までの事例を収録しています。学校や地域での具体的対応が示されていて現場での参考になります。合理的配慮の提供について，各学校で検討していきましょう。

（明星大学教授　明官　茂）

4 授業のユニバーサルデザイン化の原理原則

授業のユニバーサルデザイン化の原理原則を考える上で，まず，インクルーシブ教育，基礎的環境整備，合理的配慮，ユニバーサルデザインのそれぞれの関係についてふれてから，授業のユニバーサルデザイン化の原理原則について解説します。

1. インクルーシブ教育とは

インクルーシブ教育を推進するには，前提条件として基礎的環境整備と合理的配慮があります。2012年7月の中央教育審議会の報告では，基礎的環境整備と合理的配慮の関係性を述べています。

同報告の中で「合理的配慮の充実を図る上で，基礎的環境整備の充実は欠かせない。そのため，必要な財源を確保し，国，都道府県，市町村は，インクルーシブ教育システム構築に向けた基礎的環境整備の充実を図っていく必要がある。（中略）また，基礎的環境整備を進めるにあたっては，ユニバーサルデザインの考え方も考慮しつつ進めていくことが重要である」と述べています。

ユニバーサルデザインの考え方は，障害者の権利に関する条約に次のように定義しています。「ユニバーサルデザインとは，調整又は特別な設計を必要とすることなく，最大限可能な範囲ですべての人が使用することのできる製品，環境，計画及びサービスの設計をいう」。

この定義を学校にあてはめて表現すると，石塚(2013)は「授業のユニバーサルデザインとは，個別的な調整又は特別な設計を必要とすることなく，最大限可能な範囲ですべての子どもがよくわかる授業設計」としています。

阿部(2014)は「より多くの幼児児童生徒にとって，わかりやすく，学びやすく配慮された教育のデザインであると」述べており，その構成要素は，授業のユニバーサルデザイン化，教室環境のユニバーサルデザイン化，人的環境のユニバーサルデザイン化の三つから構成されているとしています。

中学校での授業のユニバーサルデザイン化を検討する際に，中学校の特性を考慮する必要があります。

花熊(2016)は「中1ギャップという言葉に象徴されるように，小学校生活から中学校生活への移行に伴う大きな変化(例えば，教科学習の量が増え，授業の進度が速くなり，しかも学習内容の抽象度が一気に増してくるという教科学習面の問題)があります。

また，人間関係においても，教科担任制となることから多くの教師との関わりが必要になったり，友人間の言語的コミュニケーションの比重が高まり，言語的コミュニケーションが苦手な生徒や場の空気の読み取りが苦手な生徒は，周囲の生徒から排除されやすくなったりします」と述べています。

すべての生徒がこれらの変化を乗り越え，中学校生活に適応していくための手立てとして，授業内容や考え方・資料などを図解や画像などの視覚情報として示す(1) 視覚化，学習目標や内容を絞り込んで授業展開の構造をシンプルにする (2) 焦点化，話し合い活動などで学ぶ内容などをお互いに共有して確実に定着させる (3) 共有化のほかに，教室環境のユニバーサルデザイン化，人的環境のユニバーサルデザイン化についても解説します。

2.授業のユニバーサルデザイン化

(1) 視覚化

　視覚化とは，電子黒板やタブレットなどのICT機器の使用も含めて，指導する内容や概念などの説明を言葉だけでなく，視覚的な情報提示によってわかりやすく「見える化」することです。

　提示する際には，文字や図の大きさ，色なども吟味して，適度な大きさで見やすく示すことが大切です。授業の目標がわかりやすいように，提示する情報を精選したり適切な場面で提示したりする工夫も必要です。

(2) 焦点化

　焦点化とは，授業の目標や学習活動などを明確に絞り込み，展開の構造をシンプルにすることによって「わかりやすい」授業にすることです。

　授業を行うにあたって，その授業の最も重要なポイントであり目標を達成する場面でもある「山場」をあらかじめ設定します。その山場に向けて生徒の思考が流れていくよう授業を設計します。展開の構造を事前にていねいに設計しておくことが大切です。

(3) 共有化

　共有化とは，教師からの一方的な指導だけでなく，ペアやグループなどによる生徒の話し合い活動を組織化することによって，理解を学級全体に広げていくことです。

　学習内容の定着のために，目標に関わる知識や解き方，考え方などを生徒全員が分かち合えるように働きかけていきます。例えば，理解の速い生徒の意見を他の生徒がいい換えたり再構築したりするなど，生徒どうしで話し合いながら理解を分かち合っていきます。

3.教室環境のユニバーサルデザイン化

　学習に集中できるように，教室前面にはむだな掲示物をなくしたり，掲示物の大きさやデザインをそろえたりします。また，掲示位置の縦と横をそろえ，カテゴリー別にまとめたり，色合いを工夫したりします。

　必要性に応じて，掲示物をカーテンで隠したり，風でめくれたりしないように気をつけます。

　教室側面は，学習の成果物などを見やすく掲示します。教室後方には，学級目標を視覚化して掲示します。

4.人的環境のユニバーサルデザイン化

　人的環境のユニバーサルデザイン化とは，教師と生徒の関係において，生徒たちが安心して「わからない」「できない」といえる学級であり，誤答が価値づけられる学びの場のことです。

　授業や学校生活の中で，「わからない」や「間違えた」「教えてほしい」といえるのは，人的環境のユニバーサルデザイン化によって，安心感や共感，自己肯定感を持てる学級でもあります。

参考文献
授業のユニバーサルデザイン研究会・桂聖, 石塚謙二. 授業のユニバーサルデザイン校内研究・授業研究の進め方　算数授業のユニバーサルデザインを考える　Vol.6. 東洋館出版社. 2013.
阿部利彦. 通常学級のユニバーサルデザイン　スタートダッシュ　Q&A 55. 東洋館出版社. 2014.
花熊曉, 米田和子. 通常の学級で行う特別支援教育　中学校　ユニバーサルデザインと合理的配慮でつくる授業と支援. 明治図書. 2016.

（明星大学特任教授　妹尾　浩）

5 「個別の教育支援計画」と「個別の指導計画」の作成と活用の重要性

2017年に改訂された中学校学習指導要領の総則並びに各教科等の中学校学習指導要領解説において，個別の教育支援計画と個別の指導計画の作成と活用が明文化されました。生徒に関わるすべての教職員・関係者がこれらの二つの計画についての正しい理解と認識を深めることが求められています。

1.個別の教育支援計画と個別の指導計画の位置づけ

2017年に改訂された中学校学習指導要領総則では，「第4 生徒の発達の支援」が新たに設けられました。

その解説の「④個別の教育支援計画や個別の指導計画の作成と活用（第1章第4の2の(1)のエ）」には，「個別の教育支援計画及び個別の指導計画は，障害のある生徒など一人一人に対するきめ細やかな指導や支援を組織的・継続的かつ計画的に行うために重要な役割を担っている」ことや「特別支援学級に在籍する生徒や通級による指導を受ける生徒に対する二つの計画の作成と活用について，これまでの実績を踏まえ，全員作成する」こと，そして「通常の学級においては障害のある生徒などが在籍している。通級による指導を受けていない障害のある生徒などの指導に当たっては，個別の教育支援計画及び個別の指導計画を作成し，活用に努めること」などが明記されました。

また，総則のほかにも，各教科等の中学校学習指導要領解説において「第3 指導計画の作成と内容の取扱い」が設けられ，各教科等の指導における障害のある生徒などに対する学習活動を行う場合に生じる困難さに応じた指導内容や指導方法の工夫を計画的，組織的に行うことが規定されています。

このように，「個」の特別な教育ニーズを理解し，それに対応した支援を充実させていく指針が示されたのです。

2.個別の教育支援計画の役割と活用
①個別の教育支援計画の役割

個別の教育支援計画の主な役割として，次のようなことが挙げられます。

・教育，医療，福祉，労働等の関係機関が連携・協力を図り，障害のある生徒のライフステージに沿った生涯にわたる継続的な支援体制を整えるために活用する。

・学校生活だけでなく家庭生活や地域での生活を含め，長期的な視点で幼児期から学校卒業後までの一貫した支援を行う基盤として活用する。

・生徒に対する支援の目標を長期的な視点から設定し，教育課程編成の基本的な方針等を含め，全教職員が共通理解をすべき大切な情報源として活用する。

・就学前から作成されている個別の支援計画を引き継ぎ，適切な支援の目的や教育的支援の内容を設定したり，進路先に在学中の支援の目的や教育的支援の内容を伝えたりするなど，就学前から就学時，進学先まで，切れ目ない支援のために活用する。

個別の教育支援計画は，多くの関係機関・関係者が関与して活用される性格のものです。したがって，その作成や活用の前提として，個人情報の適切な取り扱いと保護に十分に留意することや，保護者や本人の同意を事前に得ていることが必要となります。

②個別の教育支援計画の活用

　例えば，高校受験の際に特別な配慮を受けようとした場合，挙証資料として個別の教育支援計画の提示を求められます。

　2016年4月から障害者差別解消法が施行され，公立の高等学校を受験する際に特別な配慮の申請が法的な背景に基づいてできるようになりました（私学の場合は努力義務となっています）。

　高校入試の際に特別な配慮の申請を行う場合，次のような書類の準備や事前の手続きが必要となります。

> **【書類】**
> 申請書
> ・医師の診断書
> ・個別の教育支援計画（各自治体や各学校の様式に沿って作成）：受験の際に支援の必要性を証明するために，校内試験などでどのような支援（合理的配慮）を実施してきたのかを記述したもの。
>
> **【手続き】**
> ・中学校と受験先の高校と事前（受験の数ヵ月前）に情報交換を行い，配慮の内容を協議する。
> ・都道府県教育委員会から許可を得る手続きを行う。
> ※詳細については各教育委員会に問い合わせる必要がある。

3.個別の指導計画の役割と活用
①個別の指導計画の役割

　個別の指導計画の役割は，学習指導要領では「個々の生徒の実態に応じて適切な指導を行うために学校で作成されるもの」とされています。すなわち，「個別の指導計画は，教育課程を具体化し，障害のある生徒など一人一人の指導目標，指導内容及び指導方法を明確にして，きめ細やかに指導することを目的」として作成されるのです。

②個別の指導計画の活用

　個別の指導計画には，以下の活用があります。
・通常の学級や特別支援学級において，障害のある（あるいは「気になる」）生徒などの各教科等の指導にあたって，適切かつ具体的な支援の在り方や工夫をPDCAサイクルで見直しながらその経過を積み重ねていくために活用する。
・知的障害者のある生徒に対して，特別支援学校の各教科や領域・教科を合わせた指導を行うなどの場合，特別支援学校の各教科の各段階の目標及び内容等を基に個別の指導計画を作成して活用する。
・通級による指導を受ける生徒の場合，他校において通級による指導を受ける場合を含めて，学校間及び担当教師間の連携の在り方を工夫し，自立活動の内容やその評価方法，情報交換等を円滑に行うための媒体として活用する。

　個別の指導計画は「個」を対象として作成されますが，「個別」に指導を行うということだけではなく，「集団」の中でどのように「個」の特別な教育ニーズに対応していくのかを考えることが大切です。

4.効果的な活用に向けて

　個別の教育支援計画及び個別の指導計画の位置づけや作成の手続きなどを整理することや，実施状況を適宜評価し改善を図っていくことが重要とされています。

　校内で効果的な個別の教育支援計画と個別の指導計画の作成・活用システムを構築していくためには，障害のある（あるいは「気になる」）生徒の担任や特別支援教育コーディネーターだけに作成をゆだねるのではなく，「チーム学校」の構築と同様に，生徒に関わるすべての教職員及びスクールカウンセラーなどの関係者の理解と協力が必要となります。

　すべての教職員・関係者が二つの計画についての正しい理解と認識を深め，学校全体の共同・協力体制作りを実現することは，生徒が安心し自分のよさを感じて生活できる環境作りにもつながっていきます。生徒が自己実現を重ねながら生活できることは，生徒自身の自己有用感を高め，望ましい方向への変化を後押しすることになると考えられます。

（京都教育大学教授　相澤 雅文）

6 インクルーシブ教育の学習指導要領上の意義と取り扱い

中学校学習指導要領（2017年告示）では，インクルーシブ教育システムの構築に向けた内容になっているとされていますが，どのような記載内容となっていて，どのように取り扱っていく必要があるのか教えてください。

1.インクルーシブ教育システムの構築を目指す中学校学習指導要領

中学校学習指導要領（2017年告示）の第1章総則の「第4　生徒の発達の支援」では，障害のある生徒などへの指導が盛り込まれ，分量も2008年度版の約4倍の文章表記となりました。

そこでは，「障害のある生徒などについては，特別支援学校等の助言又は援助を活用しつつ，個々の生徒の障害の状態等に応じた指導内容や指導方法の工夫を組織的かつ計画的に行うものとする」としています。

そして，学習指導要領の各教科の「第3　指導計画の作成と内容の取扱い」においては，すべての教科において「障害のある生徒などについては，学習活動を行う場合に生じる困難さに応じた指導内容や指導方法の工夫を計画的，組織的に行うこと」と示されました。

このことからも，新しい学習指導要領を確実に実施していくことは，インクルーシブ教育システムを構築していく上で大きな意義があります。

中学校学習指導要領解説の各教科等編では，すべての教科，総合的な学習の時間，特別活動に「障害者の権利に関する条約に掲げられたインクルーシブ教育システムの構築を目指し，生徒の自立と社会参加を一層推進していくためには，通常の学級，通級による指導，特別支援学級，特別支援学校において，生徒の十分な学びを確保し，一人ひとりの生徒の障害の状態や発達の段階に応じた指導や支援を一層充実させていく必要があ

る。

通常の学級においても，発達障害を含む障害のある生徒が在籍している可能性があることを前提に，全ての教科等において，一人ひとりの教育的ニーズに応じたきめ細かな指導や支援ができるよう，障害種別の指導の工夫のみならず，各教科等の学びの過程において考えられる困難さに対する指導の工夫の意図，手立てを明確にすることが重要である」としています（表1参照）。

表1 中学校学習指導要領解説の各教科等編にある個々の困難さ

> ① 見えにくさ
> ② 聞こえにくさ
> ③ 道具の操作の困難さ
> ④ 移動上の制約
> ⑤ 健康面や安全面での制約
> ⑥ 発音のしにくさ
> ⑦ 心理的な不安定
> ⑧ 人間関係形成の困難さ
> ⑨ 読み書き計算等の困難さ
> ⑩ 注意の集中を持続することが苦手である
> など

2.インクルーシブ教育システムの構築を目指す中学校学習指導要領の取り扱い

中学校学習指導要領にある障害のある生徒一人ひとりの教育的ニーズに応じたきめ細かな指

導や支援を実現していくためには，中学校学習指導要領解説の各教科等編で示された「障害のある生徒への配慮についての事項」を三つのプロセス（表2参照）により，指導内容や指導方法の工夫を計画的，組織的に行っていくことが重要です。

表2 中学校学習指導要領解説　各教科等編にある三つのプロセス

> ① 学びの過程で考えられる【困難さの状態】を把握
> ② 【指導の工夫の意図】の明確化
> ③ 具体的な【手立て】の実施

　以下，各教科等の学びの過程における「困難に対する指導・支援」を整理したものを紹介します。

●国語
「書くこと」に困難さのある生徒の指導・支援
【困難さの状態】比較的長い文章を書くなど，一定量の文字を書くことが困難な場合，
【指導の工夫の意図】文字を書く負担を軽減するため，
【手立て】手書きだけでなくICT機器を使って文章を書くことができるようにするなどの配慮をする。

●社会
「見えにくさ，注意の集中の持続，同時処理」に困難さのある生徒の指導・支援
【困難さの状態】地図等の資料から必要な情報を見つけ出したり，読み取ったりすることが困難な場合，
【指導の工夫の意図】読み取りやすくするために，
【手立て】地図等の情報を拡大したり，見る範囲を限定したりして，掲載されている情報を精選し，視点を明確にするなどの配慮をする。

●保健体育
「感情のコントロール」に困難さのある生徒の指導・支援
【困難さの状態】勝ち負けや記録にこだわり過ぎて，感情をコントロールすることが難しい場合，

【指導の工夫の意図】状況に応じて感情がコントロールできるように，
【手立て】事前に活動の見通しを立てたり，勝ったときや負けたときなどの感情の表し方について確認したりするなどの配慮をする。

●技術・家庭
「道具の操作」に困難さのある生徒の指導・支援
【困難さの状態】調理や製作等の実習を行う際，学習活動の見通しを持ったり，安全に用具等を使用したりすることが難しい場合，
【指導の工夫の意図】個に応じて段階的に手順を写真やイラストで提示することや，安全への配慮を徹底するために，
【手立て】実習中に約束事を決め，随時生徒が視覚的に確認できるようにする。

●外国語
「発音のしにくさ，心理的な不安定」に困難さがある生徒の指導・支援
【困難さの状態】英語の語には，発音と綴りの関係に必ずしも規則性があるとは限らないものが多く，明確な規則にこだわって強い不安や抵抗感を抱いてしまう場合，
【指導の工夫の意図】語を書いたり発音したりすることに安心して取り組めるようにするため，
【手立て】似た規則の語を選んで扱うなどの配慮をする。

（十文字学園女子大学教授　中西　郁）

7 障害者差別解消法への対応

すべての学校において，障害を理由とした差別的取り扱いの禁止，及び社会的障壁を取り除くための合理的配慮の提供が求められています。

1.障害者差別解消法とは

　国は，2007年に「障害者の権利に関する条約」（以下「障害者権利条約」）に署名しました。批准したのは，2014年です。署名は内閣がしますが，批准は国会の承認が必要です。国は障害者権利条約を批准するために，国内法の整備が必要になりました。障害者権利条約の締結には，障害に基づくあらゆる形態の差別の禁止についての対応を求めているからです。

　障害者差別解消法の正式名称は「障害を理由とする差別の解消の推進に関する法律」です。障害者基本法の差別の禁止の基本原則を具体化するもので，すべての国民が，障害の有無によって分け隔てられることなく，相互に人格と個性を尊重し合いながら共生する社会の実現に向け，障害者差別の解消を推進することを目的として，2013年に制定されました。正式名称をよく読んでみるとこの法律の趣旨が伝わってくると思います。

　そもそも障害者に対してはだれもが「差別はいけないこと」と思っていますが，残念ながら差別と思われることがたくさん起きています。そして，多くの場合きちんと解決されずに，平等な機会などが奪われています。「障害者差別解消法の施行前に視覚障害者団体が行った調査で，盲導犬を連れた視覚障害者がレストランで入店を断られたり，ホテルなどで宿泊を拒否されたりして嫌な思いをしたことがある人が89％もいた」との記事が日経新聞で紹介されました（2016年5月10日号朝刊）。その場で説明し理解を求めたケースでも，約43％の人は差別が解消されなかったと答えています。この事例からもわかるように，障害のない人との平等な機会の保障のためにも，「何が差別か」をきちんと判断できる「ものさし」として，差別から守るための法律が必要なのです。

　この法律は，障害者を優遇したり新しい権利を作ったりするものではなく，憲法や人権条約で保障されている権利を，障害者にも同じように保障するためのものです。

2.差別を解消するための措置

　この法律は，障害を理由とする差別について以下の二つに分けて整理しています。

・障害を理由として障害者でないものと不当な差別的取り扱いをすることにより，障害者の権利利益を侵害してはならない。

・障害者から現に社会的障壁の除去を必要としている旨の意思の表明があった場合において，その実施に伴う負担が過重でないときは，障害者の権利利益を侵害することにならないよう，当該障害者の性別，年齢および障害の状態に応じて，社会的障壁の除去の実施について必要かつ合理的な配慮をしなければならない（事業者は「努めなければならない」）。

　具体的な対応として，政府の基本方針の策定，行政機関などの対応要領，主務大臣による事業分野別の対応指針の策定が規定されています。

(1)不当な差別的取り扱い

　障害者に対して，正当な理由なく，障害を理由

として，財・サービスや各種機会の提供を拒否すること，提供にあたって場所や時間帯などを制限すること，障害者でない者に対してはつけない条件をつけることなどが挙げられています。

学校現場で考えられる具体例として，文部科学省の対応指針には，「学校への入学の出願の受理，受験，入学，授業等の受講や研究指導，実習等校外教育活動，入寮，式典参加を拒むことや，拒まないかわりとして正当な理由のない条件を付すこと」や「試験等において合理的配慮の提供を受けたことを理由に，当該試験等の結果を学習評価の対象から除外したり，評価において差をつけたりする」などがあります。

(2)合理的配慮

社会的障壁の除去の実施について合理的配慮を行わないことは，障害を理由とした差別にあたることになります。例えば，障害者から要望があった場合，建物の入り口の段差を解消するためにスロープを設置するなど車椅子利用者が容易に建物に入ることができるように対応すること，精神障害のある職員の勤務時間を変更して，ラッシュ時に満員電車を利用せずに通勤できるように対応することが挙げられます。合理的配慮は，障害の特性や具体的場面や状況に応じて異なり，多様で個別性の高いものです。代替措置の選択も含めて双方が話し合って理解しあえることが求められます。

学校現場で考えられる具体例として，文部科学省の対応指針には，「入学試験において，本人・保護者の希望，障害の状況を踏まえ，別室での受験，試験時間の延長，点字，拡大文字や音声読み上げ機能の使用等を許可すること」「板書やスクリーン等がよく見えるように黒板等に近い席を確保するなどの配慮を講じること」「読み・書き等に困難のある児童生徒等のために，授業や試験でのタブレット端末等のICT機器使用を許可したり，筆記に代えて口頭試問による学習評価を行ったりすること」などがあります。対応指針などは，各省庁のホームページでも公表されています。

3.差別を解消するための支援措置

障害者差別解消法では，支援措置として，国が差別や権利侵害を防止するための啓発や知識を広めるための取り組みを行わなければならないとしています。

差別の解消を効果的に推進するためには，障害者やその周囲からの相談に対して的確に応じることや，場合によっては紛争の防止や解決を図ることができるように体制整備が重要になります。法律ではその対応として，既存の相談機関や制度の活用，障害者差別解消支援地域協議会による関係機関などとの連携を示しましたが，対応としては十分ではないとの意見もあります。

4.学校現場での課題

障害者差別解消法では，障害を理由とした差別の解消を目指し，必要な合理的配慮の提供を求めています。合理的配慮の概念は一般的にはまだ理解が進んでいるとはいえません。特に発達障害など周囲から見えにくい障害については，共通理解が難しいからです。これからは地域も含めて学校全体で障害者差別解消法の理解を進めると共に，合理的配慮の提供についての障害者(保護者を含めて)と学校側との合意形成をどのように作っていくかが重要になると思われます。

多くの学校が，特別支援教育の推進計画を明らかにし，特別支援教育コーディネーターを中心として校内委員会を活性化させ，地域や関係機関などと連携した対応が求められます。

（明官　茂）

8 就学支援の仕組みと担任としての関わり方

就学時に決定した「学びの場」は固定したものではなく，それぞれの発達の程度，適応の状況等を勘案しながら，柔軟に対応することが求められるようになりました。中学校では，進学の際に学校教育法施行令第22条の3に定められた障害の程度について留意することが必要になります。

1.『就学事務の手引』改訂による明示

児童生徒の就学先は，基本的には市区町村の教育委員会が決定することになっています。しかし，「共生社会の形成に向けたインクルーシブ教育システム構築のための特別支援教育の推進（報告）」（文部科学省，2012）では，「就学相談・就学先決定の在り方について」において，「就学基準に該当する障害のある子どもは特別支援学校に原則就学するという従来の就学先決定の仕組みを改め，障害の状態，本人の教育的ニーズ，本人・保護者の意見，教育学，医学，心理学等専門的見地からの意見，学校や地域の状況等を踏まえた総合的な観点から就学先を決定する仕組みとすることが適当である」と明示しています。

このように，最終的には教育委員会が就学先を決定するとしながらも，保護者からの意見聴取の機会の拡大が図られるようになっています。市区町村が判定してその後に話し合いを行うケースや，保護者が申請を行って市区町村が決定するケースなど地域によりシステムに違いがありますが，本人や保護者の意見が最大限に反映されるようになっているのです。

「教育支援資料」（文部科学省，2013）では，「就学時に決定した『学びの場』は，固定したものではなく，それぞれの子供の発達の程度，適応の状況等を勘案しながら，小中学校から特別支援学校への転学又は特別支援学校から小中学校への転学といったように，双方向での転学等ができることを，すべての関係者の共通理解とすることが重

要である」としています。こうした柔軟な対応を行う基盤として，教育相談や「個別の教育支援計画」に基づく関係者による会議などを定期的に行って就学先を見直すことを求めています。

また，「就学相談の初期の段階で，就学先決定についての手続の流れや就学先決定後も柔軟に転学等ができることなどを本人・保護者にあらかじめ説明を行うことが必要である（就学に関するガイダンス）」ともしています。

このように，特別支援学校や特別支援学級，あるいは通常学級に就学後も発達障害の症状や状態，また本人・保護者の意向により就学先が変更されることがあります。

したがって，担任としては，移行する（例えば特別支援学級⇔通常学級）可能性に対して柔軟な対応ができるように，学校・学級の変更や環境を変えるにはどういった選択肢があるのかなどについて，本人・保護者と相談を重ねながら状況を把握しておくことが大切になります。

2. 小→中→高の支援の引き継ぎが大切

就学支援に関連した障害に対する支援は，学齢期以前から始まることが多いのが実状です。早期からの相談・支援は，医療機関，保健センター，児童相談所，発達障害者支援センターなどが中心となって行われます。

就学前からの支援の記録は，支援ファイルや移行支援シートなどが作成されて引き継がれることが通常です。支援ファイルには，出産時の記録，

発達の経過といった生育歴，発達の相談・検査の記録などの相談歴などが記され，これまでの支援状況が把握できるようになっています。これらの支援ファイルは基本的に保護者が所持し，子どもの各種相談や就学，進学などの際に活用されるようになっています。

　また，就学後に「個別の教育支援計画」が作成されますが，本人・保護者等の了解を得ていれば，これまでの支援内容や配慮事項等が記入されたものが進学先に事前に引き継がれることになります。

　中学校の場合は，小学校からのこうした支援や成長の記録を引き継ぎ，対象となる生徒のこれまでの状況を知るところから，よりよい対応の糸口を見つけていくことになります。また，進学する際にも，進学先の高等学校や特別支援学校，あるいは専門学校等に中学校での支援の在り方や成長の記録を本人・保護者等の了解を得た上で引き継いでいくことが，合理的配慮を引き継いでいく上でも求められるようになっています。

3. 中学校での進路指導に関連して

　学校教育法施行令第 22 条の 3 において，視覚障害者，聴覚障害者，知的障害者，肢体不自由者または病弱者の障害の程度が定められていま

す。以前の就学先決定の仕組みにおいては，これに該当する者が原則として特別支援学校に就学するという「就学基準」になっていました。

　しかし，学校教育法施行令の改正により，障害の状態に加え，教育的ニーズ，学校や地域の状況，保護者や専門家の意見等を総合的に勘案して，障害のある児童生徒の就学先を個別に判断・決定する仕組みへと改められました。

　したがって，学校教育法施行令第 22 条の 3 は「就学基準」としての機能ではなく，特別支援学校に入学することができる障害の程度を示すものとなりました。「特別支援学校適」などの安易な表現は厳に慎まなければいけません。

　しかし，中学校から特別支援学校の高等部や高等特別支援学校（高等部のみの特別支援学校）への進学を希望する場合は，入学を希望する学校に対象としている障害があり，その障害の程度が学校教育法施行令第 22 条の 3 に該当していないと入れないことに留意する必要があります。

　ただし，障害の程度が該当し，それを証明できれば（多くの場合は療育手帳や身体障害者手帳等が使われます），中学校で通常学級に在籍していても入学は可能です。

表　学校教育法施行令第 22 条の 3 に定める障害の程度

区分	障害の程度
視覚障害者	両眼の視力がおおむね 0.3 未満のもの又は視力以外の視機能障害が高度のもののうち，拡大鏡等の使用によっても通常の文字，図形等の視覚による認識が不可能又は著しく困難な程度のもの
聴覚障害者	両耳の聴力レベルがおおむね 60 デシベル以上のもののうち，補聴器等の使用によっても通常の話声を解することが不可能又は著しく困難な程度のもの
知的障害者	一　知的発達の遅滞があり，他人との意思疎通が困難で日常生活を営むのに頻繁に援助を必要とする程度のもの 二　知的発達の遅滞の程度が前号に掲げる程度に達しないもののうち，社会生活への適応が著しく困難なもの
肢体不自由者	一　肢体不自由の状態が補装具の使用によっても歩行，筆記等日常生活における基本的な動作が不可能又は困難な程度のもの 二　肢体不自由の状態が前号に掲げる程度に達しないもののうち，常時の医学的観察指導を必要とする程度のもの
病弱者	一　慢性の呼吸器疾患，腎臓疾患及び神経疾患，悪性新生物その他の疾患の状態が継続して医療又は生活規制を必要とする程度のもの 二　身体虚弱の状態が継続して生活規制を必要とする程度のもの

（相澤 雅文）

9 保護者や関係機関との連携

教師は保護者と信頼関係を築いていくためには，どのような対応をしたらいいでしょうか。
また，福祉や医療などの関係機関との協力関係を作るには，どうしたらいいでしょうか。

1.保護者のニーズを把握する

　保護者から学級担任に対して，特別な支援を必要とする生徒に関する相談を持ちかけられることが多くなっています。まずは，子どもの成長を願う気持ちと学校生活が上手くいっているかという保護者の不安な気持ちを受け止めて，共感的な理解をすることが大切です。小学校時代の周囲とのトラブルや学習上のつまずきから，生徒自身が中学校生活に対する不安を抱えていると共に，保護者自身も不安とストレスを感じていることを理解しましょう。

　特に保護者は，子どもの将来(高校進学，就職)のことに強い不安を有しています。家庭での夫婦の意見の違い，祖父母との関係，きょうだいのことなどもストレスの要因となっているかもしれません。

　教師は，保護者の思いに寄り添って共感的な理解をすることが大切だと頭ではわかっていますが，口だけで「お母さんも大変ですね」とか「大丈夫ですよ」といったりしても，教師が真剣に向き合っていなければ，保護者は「先生は私の心配や不安をしっかりと受け止めてくれた」と実感しないでしょう。教師が保護者の悩みや不安に寄り添いながら，生徒のことを一緒に考えていく姿勢を示さなければ，保護者との信頼関係を築いていくことができません。保護者との信頼関係が築けなければ，その後の支援が空回りしていきます。

　そこで，保護者の真のニーズ(needs)を受け止める力が必要となります。保護者からの願い(desire)や要望(demand)を受け止めながらも，保護者にはどのようなニーズがあるかを考えることによって冷静な対応ができます。「勉強ができるようになってほしい」は願いですし，「うちの子どもにきちんと勉強させてほしい」は要望です。「先生は子どものことをよく見てきちんと指導してくれているという安心感がほしい」がニーズです。保護者にとってのニーズを考え把握することが，共感的な理解につながります。なお，保護者の要望と生徒自身のニーズは，異なることもあることに留意しておきましょう。

2.保護者と協働して支援する姿勢が必要

　教師が保護者対応に困難を感じるケースとして，保護者が生徒の特別なニーズに気づいていないケース，気づいていても受け入れようとしないケースがあります。生徒の行動を当たり前と考えて問題に気づいていない場合には，学校と家庭での生徒の行動に大きな違いがあるかもしれません。また，学校でのつまずきやトラブルを一方的に説明すると，保護者も反発をして先生の指導のせいにするかもしれません。さらに，保護者は，子どもの育て方を責められたり批判されたりしていると思うかもしれません。

　家庭での様子や保護者の対応方法も聞きながら，生徒の行動や学習に関するつまずきについて共通理解を図っていくことが大切です。十分な話し合いを通してお互いの考えを認め合いながら，保護者と協働して支援にあたっていく姿勢が教師

に求められます。信頼関係が築かれなければ，保護者と協働して支援にあたっていくことができません。

保護者が非協力的だったり無理解だったりする場合，学校としては生徒のことを思って保護者を非難したくなるかもしれませんが，それでは決して前に進んでいきません。保護者が協力できない状況や理解できない状況を推し量り，保護者自身にとってのニーズを考えましょう。

学校側が指摘する問題や障害を受け入れるには時間も必要ですし，理解しようとしない保護者も残念ながらいます。生徒の学習や行動上の困難だけでなく，長所や学校でのよい行動なども伝えながら，時間をかけて働きかけていきましょう。

保護者と話し合いをするときには，内容によっては特別支援教育コーディネーターなど複数の先生で対応することが望ましいでしょう。特別支援教育コーディネーターが中立的な進行役を務めて保護者からの話を聞き取り，担任が学校での様子や支援について説明をするなど役割分担をすると円滑な話し合いになります。

3.関係機関との情報交換も大切

新しい学習指導要領において，特別支援学級や通級による指導を受けている児童生徒については「個別の教育支援計画」や「個別の指導計画」を作成し，効果的に活用するように定められました。小学校からの個別の指導計画等に基づいた情報の引き継ぎは，生徒の実態把握や支援方法の参考になります。

個別の指導計画の作成では，保護者に参加してもらうと，生徒自身の長所を伸ばす指導と課題に対する支援に関して，共に考え共通理解ができるよい機会となります。保護者が参加できない場合には，計画作成後に個人面談等を利用して個別の指導計画を見ながら，学校での目標と手立てについて具体的に説明する必要があります。

個別の教育支援計画は，長期的な視点で乳幼児期から学校卒業後までを通じて一貫して的確な教育的支援を行うことを目的とするものであり，福祉，医療，労働等の関係機関や関係部局と密接な連携協力を確保するためのものです。

また，生徒や保護者が利用してきた関係機関を学校が把握し，関係機関と連携をとるためのツールとして活用します。さらに，学校が個別の教育支援計画を作成しながら，利用したほうがいい関係機関について保護者にアドバイスすることも有効でしょう。

保護者の同意を得た上で，生徒の学校での様子や指導方針・手立てなどを医療機関や療育機関などに具体的に伝えると共に，関係機関からも必要な情報を提供してもらい，学校での指導に生かしていきたいものです。

なお，保護者自身の不安が極めて強かったり，家族関係が緊張状態にあったりする場合には，医療・保健・福祉などの関係者に協力を求め，より多面的な家庭介入支援を考える必要があります。

学校は保護者に対して，学校での指導についての説明責任があります。誠実に対応して保護者との信頼関係が築ければ，生徒の教育・指導も円滑に進みます。

中学校における保護者対応は，生徒指導の重要なカギとなります。保護者対応がうまくいった経験は，教師としての資質向上につながるでしょう。

（宇都宮大学教授　池本 喜代正）

10 学校の特別支援教育体制の構築への期待

学校の特別支援教育体制の構築は，校長のリーダーシップの下，各教職員が役割を担ってこそ実現します。担任にとって，授業作りは大きな役割であり，授業作りの過程もまた，体制作りの大事な過程です。

2017年3月，小学校学習指導要領および中学校学習指導要領が公示されました。

新学習指導要領では，総則において「障害のある（児童）生徒などへの指導」[（ ）は小学校学習指導要領，以下同じ)]として，障害のある児童生徒への指導に関して現行の学習指導要領よりも詳細に記述しています。学習指導を中心とした体制整備は，これらの記述に即して考えることが建設的です。以下，新学習指導要領本文（囲み部分）に即して実際的な視点から考えていきます。

●特別支援学校等との連携

> **ア** 障害のある（児童）生徒などについては，特別支援学校等の助言又は援助を活用しつつ，個々の（児童）生徒の障害の状態等に応じた指導内容や指導方法の工夫を組織的かつ計画的に行うものとする。

続く「イ」「ウ」では，特別支援学級，通級による指導といった場ごとの指導の在り方が記述されていますが，この「ア」では，小・中学校で特別支援教育を実施する上での特別支援学校などとの連携を，総論的に示しています。特別支援学校学習指導要領などでは特別支援学校のセンター的機能がいわれてきました。この実績の下，特別支援学校，小・中学校それぞれの特別支援教育コーディネーターの連携を軸に，学校間の連携がすでに機能しています。実際には特別な支援を要する件数の多さからなかなか頻繁に顔を合わせて連携を図ることが困難な状況もあります。指導内容や指導方法の工夫には，授業研究会などでのノウハウの共有

などを通して，効率的な連携も必要でしょう。

●特別支援学級

> **イ** 特別支援学級において実施する特別の教育課程については，次のとおり編成するものとする。
> **(ア)** 障害による学習上又は生活上の困難を克服し自立を図るため，特別支援学校小学部・中学部学習指導要領第7章に示す自立活動を取り入れること。
> **(イ)** （児童）生徒の障害の程度や学級の実態等を考慮の上，各教科の目標や内容を下学年の教科の目標や内容に替えたり，各教科を，知的障害者である（児童）生徒に対する教育を行う特別支援学校の各教科に替えたりするなどして，実態に応じた教育課程を編成すること。

学習指導要領では，小学校や中学校においても自立活動の指導を取り入れることの必要性が明記されました。自立活動の指導は，指導時間を設けて行う場合と各教科などの指導の中で行う場合があり，この指導を計画するには，教科など横断的な指導計画の作成が必要となります。後述する「個別の指導計画」が，そのための俯瞰図として有効です。

自立活動の内容から，対象児童生徒の教育的ニーズに即した内容を授業ごとの具体的な活動に即して特定し，指導できるようにします。知的障害のある児童生徒には，知的障害者である（児童）生徒に対する教育を行う特別支援学校の各教科の適用が有効です。児童生徒の生活年齢や障害の状態に即して，柔軟に教育内容を選択組織することが求められます。

●通級による指導

> **ウ** 障害のある(児童)生徒に対して，通級による指導を行い，特別の教育課程を編成する場合には，特別支援学校小学部・中学部学習指導要領第7章に示す自立活動の内容を参考とし，具体的な目標や内容を定め，指導を行うものとする。その際，効果的な指導が行われるよう，各教科等と通級による指導との関連を図るなど，教師間の連携に努めるものとする。

通級による指導は，1993年度から小・中学校において制度化されました。従前この指導は，単なる教科学習の補習指導とされることも指摘されてきましたが，障害に基づく生活上または学習上の困難の改善・克服を図るために自立活動の内容を参考にすることで指導が焦点化されます。

実際には，自立活動の指導と教科学習の補習指導の明確な区別が困難な場合も少なくありません。その場合，個別の指導計画において自立活動の指導目標及び内容を明確にしておくことが必要です。そのような計画の下で学習を展開すれば，単なる教科学習の補充指導のような曖昧さを解消し，自立活動の目標と内容を指導上も明確にすることができます。

●個別の教育支援計画及び個別の指導計画

> **エ** 障害のある(児童)生徒などについては，家庭，地域及び医療や福祉，保健，労働等の業務を行う関係機関との連携を図り，長期的な視点で生徒への教育的支援を行うために，個別の教育支援計画を作成し活用することに努めるとともに，各教科等の指導に当たって，個々の(児童)生徒の実態を的確に把握し，個別の指導計画を作成し活用することに努めるものとする。特に，特別支援学級に在籍する(児童)生徒や通級による指導を受ける(児童)生徒については，個々の(児童)生徒の実態を的確に把握し，個別の教育支援計画や個別の指導計画を作成し，効果的に活用するものとする。

特別支援学校ではすべての児童生徒に個別の教育支援計画および個別の指導計画を作成していますが，新学習指導要領では，特別支援学級に在籍する児童生徒及び通級による指導を受ける児童生徒についても作成が義務づけられました。通常学級に在籍し，通級による指導を受けていない児童生徒の場合も，個別の教育支援計画および個別の指導計画の作成に努めることになります。

特に通常学級担任の先生方には作成は簡単ではないかもしれませんが，特別支援教育コーディネーターや特別支援学級担任，通級による指導担当教員といった特別支援教育の専門性のある先生方との連携の下，作成することが望ましいでしょう。これらの計画には学校によって書式が異なる場合がありますので，校内で統一した書式を使用することは，連携を容易にする上でも有効です。

●交流及び共同学習

また，新学習指導要領には「障害のある幼児児童生徒との交流及び共同学習の機会を設け，共に尊重し合いながら協働して生活していく態度を育むようにすること」も規定されています。交流及び共同学習は，従前より成果を蓄積していますが，今後は，通常学級担任と特別支援学級や特別支援学校などの先生との指導計画の共通理解を図ると共に，児童生徒の育成を目指す資質・能力を明確にし，展開していくことが求められます。

（植草学園大学教授　名古屋 恒彦）

11 特別支援教育コーディネーターの役割・機能と連携

中学校でも教師の中から特別支援教育コーディネーターが指名されていますが，インクルーシブ教育を推進していくために，どのような役割・機能を果たしていくことが重要でしょうか。また，関係機関とはどのように連携をとっていけばよいでしょうか。

1. 特別支援教育コーディネーターの役割

中学校においても，障害のある生徒の指導や支援を学級担任や教科担当だけに押しつけたり，まかせたりしてはいけません。学校全体での支援体制作りが重要であり，その支援体制を機能させていく中心として，特別支援教育コーディネーターが必要となります。

学校内の教職員全体の特別支援教育やインクルーシブ教育に対する理解のもとに，特別支援教育コーディネーターを校務として明確に位置づけ，学校内の支援体制を構築していくことが求められます。また，当然のことながら，特別支援教育コーディネーターにまかせっきりにするのではなく，管理職による管理体制やバックアップ体制も重要となります。

中学校における役割としては，校内では校内委員会のための情報の収集・準備，担任への支援，校内研修等の企画・運営を行うことが期待されます。また，外部の関係機関との連絡・調整の役割としては，関係機関の情報収集・整理，専門機関等へ相談する際の情報収集と連絡・調整，専門家チームや巡回相談員等との連携を行うことが期待されます。

さらに，中学校では小学校からの引き継ぎ，進路に関わる関係機関との連携，進路指導との連絡・調整なども重要であり，進路先や将来のことへの心配も大きくなっている保護者に対する学校の相談窓口となることも期待されます。

2. 特別支援教育コーディネーターの配置状況

文部科学省の「平成29年度特別支援教育体制整備状況調査結果について」で，特別支援教育コーディネーターの指名等の実施状況が示されています。小・中学校における特別支援教育コーディネーターについては，特別支援学級担任が約半数を占め，次に通常学級担任の順に多くなっています。中学校の特徴としては，通常学級担任や通級による指導担当が比較的少なく，通常学級の副担任や進路指導や生徒指導の先生が担当することが比較的多い状況です。

3. 特別支援教育コーディネーターに求められる資質・技能

中学校で特別支援教育コーディネーターの役割を果たしていくためには，担当者には以下のような資質・能力が求められます。

(1) 連絡・調整に関すること

校内における特別支援教育体制の構築に関すること。

・教職員の協力関係を築くための情報収集，情報共有，情報管理，情報分析

・時間管理，人間関係調整力，校務遂行能力，交渉力，説得力

(2) 特別な教育的ニーズのある生徒やその保護者の理解に関すること

障害のある生徒の障害特性や発達などに関する一般的な知識・理解。

・特に知的障害や発達障害の障害特性の理解や

発達検査等の理解
- カウンセリングマインドに基づく生徒，保護者，担任との相談対応力

(3) 障害のある生徒などの教育実践や療育，医療などに関すること

　①障害のある生徒の専門教育に関する基礎的な知識・理解。
- 関係する法令や条例，ガイドライン，就学支援の仕組みなど
- 教育課程や指導方法(知的障害や発達障害への個別支援，自立活動)

　②「個別の教育支援計画」や「個別の指導計画」の作成・実施(活用)・評価に関すること。

　③近隣の医療，療育，福祉，就労等の関係機関に関する情報収集と継続的な連携。

　④小学校からの引き継ぎや配慮等の継続に関すること。

　⑤進路に関わる情報収集や連絡調整，受験等における配慮などに関すること。

4.特別支援教育コーディネーターの活動での具体的な留意点

　まず，障害のある生徒の学習面や行動面での困難さについての客観的な評価が重要です。生徒本人や保護者からの訴えがある場合や，学級担任や教科担当からの気づきや不安がある場合もあります。各クラスや各教科担当が少しでも気になる状況がある場合は抱えこまずに，学校全体で気をつけて観察したり情報を収集したりすることを年度当初の校内委員会などで確認することから始めていきましょう。

　特別支援教育コーディネーターから積極的に声かけしたり相談窓口となったりして，支援につなげていく橋渡しをしていきましょう。障害の特性や教科の違いにより，困難さの程度も大きく異なる場合があることに留意しましょう。

　また，特別支援教育コーディネーターは必ずしも高い専門性を持っているわけではありません。どのような支援が必要なのか，どういう支援計画

を作成していくかなどについては，専門家チームや巡回相談員などのアドバイスをもらうことが大切です。そのための連携や情報整理は，組織的にシステマティックに行っていくことが効果的です。

　中学校においても，特別支援教育コーディネーター職が専任になり授業は担当しないということはほとんどありません。外部の関係機関との連絡・調整，校内委員会の企画・運営等の実践的な業務については特別支援教育コーディネーターが行うとしても，関係者間との継続的な連携については，管理職が責任を持って協力したり補完したりして，特別支援教育コーディネーターが過大な負担がなく活躍できる学校支援体制を構築することが重要です。

理論編

5. 今後の課題

　文部科学省では，現在，家庭と教育と福祉の連携「トライアングル」プロジェクトを推進し，個別の支援計画の活用による切れ目のない支援や情報共有・連携強化を図る考えを示しています。また，医療機関との連携による入院児童生徒の教育支援体制の整備計画も示しています。

　その推進のため，関係機関との連携を支援するコーディネーター（早期支援・就労支援・発達障害支援・合理的配慮コーディネーター)の配置を 2019 年度から計画しています。

　今後，新たな連携に関する業務拡大や特別支援教育コーディネーターの兼務などに関する課題も生じてくるでしょう。

(半澤 嘉博)

12 中学校への「特別支援教室」の導入や発達障害のある生徒への「合理的配慮」について

東京都における特別支援教室は，小学校は 2018 年度，中学校は 2020 年度から段階的に導入されます。専門性が高い巡回指導教員が配置されることで，どのような効果が期待できるのでしょうか。

1. 特別支援教室を小学校から始めたのは?

特別支援教室は，児童生徒が通級する方法よりも児童生徒の移動時間というロスもなく，巡回指導教員と在籍校教員の間で，直接，情報交換ができることから，その効果が期待されています。発達障害による困難の軽減には，早期の支援が有効なのはわかっていましたが，小学校の通級指導には，保護者の送迎が不可欠なので，対象児童全員が通級できたわけではありませんでした。

小学校は 2018 年度，中学校は 2020 年度からの特別支援教室の段階的な導入は，早期支援の課題も解消することになりました。

2012 年に特別支援教室のモデル地区に指定された某区の拠点校 A 小学校では，特別支援教室の名称を，発達障害のあった発明王の名に因んで「エジソン教室」とし，開室当初，全児童に簡単なコミュニケーションスキル学習を体験させました。それは，この教室で何が行われるのかを全児童に理解してもらうためでした。この取り組みにより，全児童の障害者理解が深まり，対象児童も抵抗なく指導を受けることができ，学級全体の安定にもつながっていきました。

2020 年度の中学校全校導入時には，既に全小学校でこうした支援を受けている生徒が入学してきます。また，他の生徒も特別支援教室への校内通級に違和感を持たないはずです。

むしろ，中学校の教職員の特別支援教室に対する理解が進んでいないということにならないように，準備を進めていかなくてはなりません。

2. 中学校での巡回指導の先行実践から

とはいえ，この事業で生徒はどう変容するのか，本当に効果があるのか，と感じておられる教師もいるのではないでしょうか。

某区の B 中学校通級指導学級では，2013 年度から独自の取り組みとして，週 1 回の巡回指導を始めました。C 中学校の新入生 D は，入学式の最中にいきなり立ち上がって走り出し，会場である体育館から飛び出してしまいました。見慣れぬ群衆の中に長時間いることに耐え切れなくなったのです。D には知的な遅れはありませんでしたが，コミュニケーションに課題があり対人関係がうまく作れないため，小学校では学校不適応の状態に陥っていました。

このこともあり，C 中は即刻 D の保護者と協議し，B 中の通級指導を受けることになりました。B 中通級指導学級は，この年度から試行的に始めた週1回の巡回指導の対象に D を加えました。D への巡回指導は 2 年間継続され，この間，B 中の巡回指導教員は C 中の教員に次の巡回までの 1 週間，D とどう向き合えばよいのか，助言を続けました。これにより D は 3 年生の弁論大会で，100 名を超す生徒を前に堂々と自分の主張を述べられるようになりました。

もちろん，このような成果を挙げたのは高い専門性を有する B 中の巡回指導教員の力によるところが大きいのですが，その助言を受けて，すべての教室ですべての時間に合理的配慮と指導の工夫を重ねた C 中の教職員のチームとしての努力が

あったからにほかなりません。

3. ディスレクシアの生徒への合理的配慮

E中学校は，都内に十数校しかない日本語学級設置校です。この学校では，自校も含め区内十数校の外国とつながる生徒が通級指導を受けています。E中には，校内通級生徒も多くいます。彼らは，日本語を十分習得するまで，普段の授業でも電子辞書の使用が認められますし，定期考査では時間延長や問題文のルビふり，読み上げなどの「合理的配慮」が受けられます。

E中では，2016年の障害者差別解消法の施行時に，書字識字に課題のあるすべての生徒について，日本語学級の校内通級生と同様の合理的配慮を行うことにしました。合理的配慮の理由は，日本語の語学力不足であろうが，ディスレクシアであろうが，区別する必要はないと考えたからです。

余談になりますが，近年LGBTの生徒に対し，性別にかかわらずスラックスの着用を認めようという動きがあります。某地区の教育委員会では，20年前にすべての中学校の制服（標準服）をブレザータイプにし，男女ともにスラックスを認めることにしています。

もちろん，当時は，LGBTの生徒を対象として想定していましたが，それで救われた生徒の中には，脚部の障害等でスカートを着用することに辛さを感じている女子生徒もいました。

合理的配慮の理由を限定的にする必要はないのです。こうした考え方は，多様性を重んじるインクルーシブ教育やダイバーシティの考え方に通じるものであり，人権教育に直結するものであることを認識しておくべきでしょう。

また，障害者に対する合理的配慮は，誰にでもわかりやすい板書や設問の工夫，人権に配慮した発問や説明の工夫につながり，「授業のユニバーサルデザイン化」が進むという副次的な効果をもたらすことにもなりました。

4. 全校配置への期待

2020年度に全中学校に特別支援教室が配備され，専門性の高い巡回指導員による教育的支援が受けられるようになります。そうすれば，その理念やスキルが限られた特別のスペースから，すべての教室や教員に広がることになります。それは，この事業の究極的な目標であるすべての教室の特別支援教室化につながります。そのためには，十分な専門性を有した教員の確保とその育成が必要です。

5. 支援の連続性の課題

発達障害の生徒が，私立高校の入学希望者説明会で，入学後の合理的配慮について尋ねたところ，「本校では，ご期待に沿うことは難しい」といわれ，その高校への進学を諦めたという話があります。合理的配慮は，公立学校では「義務」ですが，私立学校では「努力義務」だからです。

現在，特別支援教室事業の展開により，発達障害等の児童生徒への支援は，小・中学校間で継続的に行われる体制が整いつつあります。しかし，高校進学時に生じる課題はまだ解消されてはいません。特別支援教室が，各学級に必ず一人は在籍するといわれる発達障害や学習障害の生徒を積極的に支援するため，小・中学校の巡回指導のみで完結することなく，将来，私立高校も含め，専属教員の全校配置につながることを大いに期待したいと思います。

（東京都江戸川区立二之江中学校校長　茅原 直樹）

13 通級による指導における通級指導教室担当と通常学級担任との連携について

現在，通級による指導には自校通級，他校通級，巡回指導（拠点校の先生が学校を巡回して指導する支援形態）と，大きく分けると三つの支援形態があります。通級指導教室との連携を基盤にした担任の専門性の向上が，生徒の学力や社会性などの伸長を左右します。

1.通常学級担任にも特別支援の専門性が必要

2006年の学校教育法施行規則の一部改正で，通級の授業時数の標準等が示され，2016年の文部科学省から出された「学校教育法施行規則の一部を改正する省令等の公布について（通知）」により，特に必要があり各教科の内容を取り扱う場合も障害による学習または生活上の困難を改善し，または克服することを目的とすることが明確化されました。

これらを踏まえたカリキュラム・マネジメントが，本来は通常学級の担任には求められるところですが，特別支援学級の先生にその多くを頼っている現状があります。

しかしながら，対象となる生徒があくまで通常学級に在籍している以上，その担任には学校教育法施行規則第140条で定められた特別の教育課程と特別な指導を特別の場で行う「通級による指導」を最大限に活用して，生徒の学習上・生活上の困難の改善または克服を目的とした指導の計画・実施・評価・改善を主導するための多岐にわたる専門性が求められます。

例えば，上履きと体育館履きの履き替えが上手くできないで困っていることを通級担当の先生に相談して，履き替える場所の床の適切な場所にビニールテープで線を一本引くだけで，履き替えが自分でできるようになったなどということはよくあることです。こうした指導のノウハウの蓄積が専門性となります。

2.日ごろの連絡・協働が重要

特に通級指導教室の担当から見ると，連携のしやすい学校や担任とそうでない学校や担任は一目瞭然です。月に何度か学級だよりで授業の進度や学級の様子を伝えてくれたり，まめに連絡をくれたりする担任もいれば，在籍校訪問のときにしか会わない担任もいます。忙しいのはどこの学校でも同じですが，「担任」として主体的に関わるかどうかで大きな違いが生まれてしまいます。

また，教育活動すべてにおける「関わり」や「連携」は，課題が発生しないように日ごろから心がける協働の質と量に左右されることを認識しておくことがポイントです。

問題が発生したときに初めて顔を合わせたり議論をしたりしても，対象となる生徒への基盤となる認識や目標などが合致しなかったり，お互いの信頼関係が担保されなかったりする中で，成果を上げることは極めて困難な状況に陥る可能性が高くなります。

在籍校での当該生徒に関わるちょっとしたグッドニュースがあったときに，教育支援計画等で共有するのはもちろん，通級指導教室の担当者に伝えておくことや保護者とも共有しておくことで，相互の認識や協働の質が大きく向上することにつながることは，教師として理解しておくことが重要です。

特別支援教育が何を目指して行われていくべきかを理解しているベテラン先生の中には,連絡ノートや個別指導ファイルなどでそうした情報の発信

と収集を定型化している場合も多くあり，学習や行事の前に予防的・予測的な情報を発信することで，通級指導教室での指導を効果的なものにする工夫を行っている例もあります。

　例えば，学校行事の集団行動に必要な動機づけやその定着を補うなど，本人ばかりでなく担任自身や学級がどんな困り感や課題が発生するかを考え，積極的に働きかけるのも担任の果たす重要な役割です。

　昨今では公務支援に必要な学校間のメールで，簡単な情報のやり取りは瞬時にできる地区がほとんどですから，週に一度でも月に一度でも情報の行き来があると，相互の学級での指導が格段に効果的に行われる素地となります。また，時間をやりくりしてでも，相互に授業を見合うことの大切さは，いうまでもありません。

3.通級指導教室には通常学級担任の悩みの答えがある

　一方で，当該生徒の主障害等に起因する「できないこと」や「苦手なこと」を延々と指摘し続ける担任もいます。「授業中は気が散りやすくて困る」「忘れ物が多く，学習も積み上がらない」など素人でもいえるような二次的障害を誘発する所見を書いたり指摘を続けたりすることは，自らの教育力のなさや未熟さを露呈しています。

　こうした教師は，多くの場合，ノーマライゼーションやインクルーシブなどの社会・教育の概念や新たな教育手法について無知で無頓着なだけでなく，その場しのぎで教師としての資質や能力にも欠けることが指摘できます。教師が生徒の伸長や社会の変革を妨げることがあってはなりません。

　ぜひ，積極的に通級指導教室の担当者の意見を聞いたり，自ら研修を受けたりするなど，自分自身に開発的な姿勢が必要です。

　多くの場合，通級指導教室には通常学級の担任の悩みに対する効率的で効果的な答えが用意されています。そして，何よりも学校外の視点から複眼的・多角的な立場での協同的な支援者が

増えることに大きな意義があります。

　特別支援教育の歴史の中で，すでに膨大な実践の蓄積や改善が図られており，アクセスできるデータベースや参考文献も多く存在しますから（例：独立行政法人国立特別支援教育総合研究所　http://nc.nise.go.jp/)，そうした情報も積極的に活用することも重要です。

　通常学級の担任として，「働きかけるほど生徒が反発する」「時間をかけても変容が現れない」などと困ることや悩むことも少なくないと思います。

　しかし，一番困っているのは生徒自身であり，教室や授業などの構造化を進め，直接・間接を問わず多くの専門家の意見にも耳を傾け，当該の生徒や学級の個性に合った指導を粘り強く工夫することが重要です。

　最後に，障害の有無にかかわらず誰にとっても生活しやすい学校や学級の具体像を創造的にとらえて，通級指導教室や専門機関との連携を深めながら実践することが，読者である貴方の専門性や教師としての立場をゆるぎないものにします。新たな時代や学校教育のChange agent（変革の請負人）となることに期待したいと思います。

（東京都多摩市立青陵中学校校長　千葉 正法）

Q & A 編

教育実践上の想定される対応や課題を例示し，
その解決策や対応例を示しています。
保護者や生徒からの個別の配慮や
支援の要求，合理的配慮の要求，授業での
ユニバーサルデザインの対応，障害者理解
教育や差別事象への対応，交流及び共同学習の
実施上の課題など，現実的な課題を例示しました。
回答は，原則的にインクルーシブ教育の推進，
障害のある生徒の受け入れの促進の
視点からの解説としました。

Q1 「先生が障害のある生徒だけをひいきにしていて，ずるい」といわれました。どのようにして誤解を解消したらよいでしょうか。

一斉指導の中で特別に支援するのは難しい!?

黒板の文字を書き写すのが苦手?

多動性があり，ふらふらと立ち歩いてしまう

授業がわからず，キョロキョロしてしまう

A　一人ひとりに適した支援が必要です。

障害があっても通常学級の中で特別な支援を受けて学ぶことができるインクルーシブ教育への転換は画期的なことでしたが，今や学校現場においては必然のこととなっています。そのような中，個々に合わせた特別な配慮については学校あるいは学級の先生方にまかされている部分が多く，それぞれの創意工夫がなされています。

教師は学級の生徒を孤軍奮闘して差別なく指導しているはずなのに，障害のある生徒だけが特別な待遇を受けているのではないかと，他の生徒が誤解する要因はどこにあるのでしょうか。

●特定の生徒に対する配慮，学級全体への配慮

黒板の文字を書き写すのが極端に遅い，教師の話をまったく聞いていない，あるいは聞いているように見えても理解していない，こだわりが強くて授業へのペースが合わせられないなど，学級の中には困っている生徒たちも多くいます。特に行動が目立つ生徒には，特性に合わせた配慮が

必要です。

例えば，板書が写せない生徒たちのために板書内容をプリントしたものを準備することがあります。板書を写せないといっても，ワーキングメモリーの問題で黒板の文字をノートに書き写す前に忘れてしまう，視力が悪くて黒板の文字がよく見えない，黄色いチョークの色が認識できないなど様々な理由が考えられます。

さらに，文字は書き写せても読みに困難さがある，思考や認知の特性が強いなど他にも困っている生徒もいるはずです。

個々の生徒の実態に合わせて個々に支援を行うことには限界がありますが，学級全体への支援を工夫することで助けられる生徒が多くいると考えてみましょう。①板書内容の構成をいつも同じにして，どこに何が書かれるのかをパターン化する，②文字の大きさや行間，色使いに配慮する，③板書内容のプリントは誰でももらえるルールに

するなど，学級全体への配慮を工夫すると，特定の生徒への配慮は最低限で済むようになります。

●一斉指導の中での個別の配慮

個別的な配慮が必要な場合，本人が自信をなくすことがないように「できた」を体感できる支援が望ましいでしょう。しかし，特定の生徒だけに教師の意識が集中してしまっては，学級全体によい影響を与えません。さりげない配慮を心がけてください。また，周囲の理解や援助も必要なので，学級の生徒への指導も重要です。

例えば，落ち着きがなく席を立ち歩いたり，人にちょっかいを出してしまうなど，障害の特性からくる多動であっても，他の生徒への影響が大きいのでついかかりきりになってしまうこともあります。その場合，授業にあえて動く活動を取り入れて全員を動かしましょう。また，多動性のある生徒のために，職員室に資料を取りに行く，学級のプリント配りなど人の役に立つ係を設定しましょう。ルールに沿って動くことで自己肯定感も高まり，他の生徒たちの見る目も変わるでしょう。

●まじめに取り組んでいるように見える生徒にも支援が必要

まじめに取り組んでいるように見える生徒たちの中には，友人とのつきあいで困っていたりわからなくてもできる素振りをしたりして，がんばっている生徒もいます。また，進学に向けて，もっと効率的に授業を進めてほしいと焦っている生徒もいます。教師の意図しないところで，手をかけてもらっている生徒への嫉妬や拒否感が強まってしまうこともあります。学級の全員が何かしらの支援を必要としているかもしれないと考えてみてください。

ここがポイント　すぐにできる環境調整

- ● 視覚支援を際立たせるために，よけいな視覚情報は極力減らす
- ● 既にできていることをルールにして，誰もがほめられる学級をめざす
- ● 一斉学習のほかにグループ学習，ペア学習を取り入れる
- ● 全員の注意を引きつけてから，話を始める
- ● 生徒の理解度に応じた数種のプリントを用意する

ベテラン先生からの　アドバイス

すべての生徒にできる状況を作ってあげることが大切です。個別の配慮は決してひいきではありませんが，障害があるからといって一人の生徒にだけ明確な配慮をすることはひいきと思われても仕方ありません。

学級の生徒全員に配慮が必要だと考え，一斉指導の中でできることと，個別でなければできないことを区別していきましょう。一斉か個別かの線引きも，配慮の度合いも，いかに学級の中で生徒たちに合わせて環境調整ができるかで違ってきます。

特別支援の手法を取り入れたり，授業のユニバーサルデザインを学級の実態に合わせて行えれば，個々への配慮は格段に減らすことができるでしょう。

（岩手県立前沢明峰支援学校指導教諭　菅原 慶子）

Q2 障害のある生徒と一緒のグループや班になることを他の生徒が嫌がっています。どう指導すればよいでしょうか。

障害のある生徒が仲間外れになってしまう…。

「Aくんが入ると勝てないよ…」

「Cさんのせいで高得点が期待できないわ…」

「Dくんはめんどうみきれないよ…」

A 個別指導と集団への働きかけを行います。

●個別指導と集団への働きかけを行う

中学校の場合，学級集団としての目標が「達成できた，達成できなかった」「勝った，負けた」など，結果を意識せざるを得ないものであることが多く，「障害のある生徒がいると関わりづらい，めんどうくさい」「できることもできない，負けてしまうかもしれない」という理由で，一緒の活動が敬遠されがちになったり，不満の声が漏れ聞こえたりします。

しかし，このようなときこそ，障害のある生徒を嫌がる生徒の価値観を変えるチャンスなのです。先生の働きかけにより，自他の受け入れや互いを尊重する寛容な心・精神の基盤が形成されるのです。また，実際の関わりを通して，自己発見から自己実現への芽も伸びていきます。

よく，体育祭や文化祭の合唱コンクールなどで，負けても笑い泣きしながら互いを励まし合っている微笑ましい生徒の姿（学級）を見かけます。これは，まさに生徒一人ひとりがお互いの価値を実感している瞬間です。この幸福感を左右する価値観形成には，「個」と「集団（全体）」への働きかけをていねいに行っていくのが効果的です。

●まずは受け止める

個への働きかけといっても，その生徒の思いを正しい障害者理解へと導くためのアプローチは，トップダウン的な姿勢にならないことが大切です。まずは，嫌がっているその生徒の思いを受け止め，寄り添い，「嫌だ」「困る」という頑なな感情を解きほぐすようにしましょう。障害のある生徒を嫌がっている生徒にも，本人なりのいい分や，どうしても譲れない，どうしたらいいのかわからない，という迷いがあるはずです。

担任は，学級における日常的な観察や生徒たちとの対話を通して，嫌がっている生徒が障害のある生徒と活動を共にすることの楽しさに気づけるようなヒントを探ってみましょう。そのヒントを生

かして，嫌がっている生徒が「一緒にやってみてもいい」と思える状況になるような環境を整えていきます。

クラスのリーダーや，嫌がっている生徒が信頼しているクラスメイトを同じグループや班で活動できるように編成し，そこで障害のある生徒と一緒に活動してみることも一つの方法です。

また，一緒のグループや班で活動できていること，協力して楽しく活動できていることなどを認めたりほめたりしながら，嫌がっている生徒の気持ちがプラス思考に働くようにすることも忘れないようにしましょう。

みんなが共同学習を心地よく感じられるように，グループや班の活動や成果を大いにほめ称えるなど，全体への働きかけも大事にしていきます。

●ほめて，望ましい言動と規律を育てる

障害のある生徒と一緒の活動が心地よく感じられる生徒や，当然の活動としてとらえられる生徒が増えると，マイナス思考を持った生徒もしだいに一緒の活動に意義や価値を感じることができるようになります。障害者理解の土壌作りのためにも，学級全体に望ましい言動と規律を育て，互いを尊重し合える雰囲気を確立しましょう。

ここがポイント　生徒の障害者理解のために

● 個別指導にはこれといった定型のツールはなく，嫌がっている生徒の置かれている状況や，心理状態などに柔軟に対応していくことを大切にする

● 「障害を理解しましょう」という直接的な言葉は，差別意識を植えつけたり先入観を強化したりしかねない。関わりを深める実践的な行動につながる指導が大切である

● 障害のある生徒への配慮も忘れず，必要に応じてサポートしていく

● どの立場の生徒にも，共感的で寄り添った声かけをしながら，互いの気持ちを楽にしていく

ベテラン先生からの　アドバイス

生徒を障害者理解へと導くためには，どの生徒も理解されて認められているという安心感がなければなりません。生徒たちが，学校生活に楽しみや喜びを感じられるあたたかな雰囲気を実感していることが大切です。

行事や部活動など集団の団結が必要な機会をとらえて，生徒どうしの関わりを意図的に設定したり，日ごろの学習活動の中で肯定的・積極的に物事を考えたり実行できたりするような雰囲気作りを大切にします。

（岩手大学教育学部附属特別支援学校　佐々木 弥生）

Q₃ 「知的障害」ということを，他の生徒にどのように説明すればよいでしょうか。

学級内で「知的障害」の説明をしたほうがいいかな? 保護者は同意してくれるかな?

Aさんが，障害のあるBさんの授業の用意の手伝いをしている

クラスの生徒に，Aさんの行動を紹介しよう

「クラスの生徒に（障害のことを）説明したいのですが…」

A クラスの生徒の心を育てながら，障害への理解を深めていきます。

●学級作りのビジョンに生徒の支援を描く

　まずは，担任が知的障害について理解していることが前提になります。どのような状態が知的障害であるのかは，国連の国際疾病分類(ICD)に示されている知的障害を規定する定義や，特別支援学校の学習指導要領解説などが参考になります。次に，障害のある生徒の支援や参加の在り方を学級作りのビジョンに描きます。

　当該生徒が活動に取り組みやすい状況を作るために，生活や行事(体育祭や合唱コンクール，宿泊を伴う行事など)での活動の場面を生徒どうしの関わりの中にイメージします。そのためには，当該生徒の長所や得意としていることを把握しておく必要があります。幼児期や小学校で活用されてきた「個別の教育支援計画」「個別の指導計画」等の資料から情報を得たり，中学校入学後に活動を共にする中で得られた情報を参考にしたりして，生徒理解に努めましょう。

●説明の際には，"関わりのモデル"となる生徒とその言動を称賛して，障害のある生徒へ共感する気持ちや支援する姿勢を育てる

　学級の障害者理解はとても重要です。障害のある生徒をクラス全員が受け入れ，そして支えることで，当該生徒の困難さが軽減されるだけでなく，参加や活動がしやすくなります。障害のある生徒も，安心して取り組める環境があれば，自分らしさや持っている力を存分に発揮できるのです。

　障害のある生徒の側に立つ共感者，支援者が増えるように，日常的に学級内で"心ある言動"を称賛していきましょう。共に活動する意義や楽しさに価値を見いだせるようになると，その嬉しさや楽しさが互いを尊重し合える，誰にとっても安心できる「学級全体のムード」を盛り上げます。われ関せずの姿勢を示していた生徒も，自然に居心地のよさを実感できるようになるでしょう。

　誰にとっても安心できる環境においては，プラ

ス思考が生まれやすく，学級集団の士気も高まります。目標に向かう学級全体のベクトルが同じであることで，確かな安心感と意欲が生まれ，目標達成に向けた充実した活動が期待できます。

●特別支援教育コーディネーターと説明内容を相談し，必要に応じて保護者の同意も得る

生徒の障害や診断名を公表するにあたっては，保護者の同意が必要です。保護者によっては，「わが子の障害について知ってもらいたい，理解してもらいたい」という考えの人もいますが，中には逆に，大きな不安を抱いている人や拒否的な人もいます。どのように説明をするか，そのタイミングについては，当該生徒と保護者の思いに寄り添い，取り巻く環境を考慮し，校内の特別支援教育コーディネーターとじっくり検討した上で進めていきましょう。また，校内の教職員で情報を共有していくことも非常に重要です。

●「障害」に触れず，「得手不得手」「難しさ」「困難さ」という言葉で説明する

学級が落ち着かない状況であったり，保護者の同意が得られなかったりする場合もあるでしょう。このような場合は，障害や診断名に触れずに伝えることや個を特定せずに話すことも大切です。

道徳や学級活動の時間を使って「得手不得手」について担任が主導しながらディスカッションをするなどして，受け身ではない主体となってじっくり考える時間を持ったり，「難しさ」「困難さ」を実感できるワークを行ってみたりして理解を促すのもよいでしょう。誰もがわかりやすく安心して聞けるような内容で，具体例を挙げて話してみましょう。

ここがポイント　「知的障害」について学級で説明するとき

- ●当該生徒の困難さに触れつつ，生徒の長所や得意としていることにも重点を置いて話す
- ●共に活動に取り組み，みんなが居心地がよいと実感する学級を目指していることを話す
- ●障害のある生徒の適応困難の指摘に終始せず，誰にも得手不得手があることを身近な具体例を挙げて話す
- ●特別支援教育コーディネーターと相談しながら進め，校内の教職員間でも情報を共有する

ベテラン先生からの　▶アドバイス

対象が学級かまたは学年か，また時期や集団状態が異なると，説明の仕方に工夫が必要になります。学級経営の観点からは，4月から5月に行われる最初の行事への取り組みが始まったころが説明のベストタイミングといえます。最初の活動を共にする中で，生徒どうしが関わりを実感したり，担任がその様子を把握したりすることができるからです。

説明が唐突にならないように，行事や部活動など生徒どうしの関わりが密になる機会をとらえましょう。担任も学級の生徒と共に活動し，関係性を築きながら，当該生徒の表情や言動，周囲の生徒との関わりの様子を観察して，必要に応じて授業していきましょう。

当該生徒が学校生活の中で自分らしく持てる力を存分に発揮し，より多くの成功体験を積み重ねていけるよう早い時期からの環境作りが重要になります。

（佐々木 弥生）

Q4 「発達障害」ということを，他の生徒にどのように説明すればよいでしょうか。

このままでは学級の雰囲気がどんどん悪くなるな…。

「Aくん，どこへ行くの?」

「Aくん，何をするの?」

「先生，Aくんをなぜ注意しないのですか?」

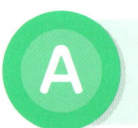

A 生徒一人ひとりが安心して過ごせ，共感し合うことができるような学級の雰囲気を作り，説明内容は医療等の専門機関と相談しながら進めましょう。

●人的環境のユニバーサルデザイン化が必要

思春期の中学生の場合，発達障害のある生徒への配慮のみで学級内の居心地のよさや良好な人間関係を保つには難しい場合があります。例えば，パニックや教室からの飛び出し，乱暴行為などを示す生徒がいる場合，学級全体の居心地は悪くなります。そのことに対する不平不満に加え，発達障害のある生徒への個別的な関わりに対する不公平感から担任への不信感へとつながり，学級経営が困難になってくることがあります。

発達障害の特性と，当該生徒が抱える「困り感」に対する周囲の理解不足は，学級内での些細なことから人間関係上のトラブルを生じさせます。一般に，原因や動機がわからない相手の行動には違和感を持ってしまいがちですが，理由となる事柄や動機がわかる場合は納得できるものです。担任が発達障害の特性について，生徒の好奇心を刺激しないように配慮しながら，学級の年齢レベルに合わせてクラス全体に説明することにより，学級内の人間関係における関わり方のルールができ，学級の雰囲気や居心地，学級内のトラブルなどがよい方向に変わってきます。

これらは，学級の雰囲気をやわらかくし，生徒が学び合うための環境作りや関係作りをしていく人的環境におけるユニバーサルデザイン化です。発達障害の特性についてのクラス全体に対する説明は，学級経営における担任の大事な役目となります。

●職員間，そして生徒間の共通理解が大切

クラス全体に説明する際，場合によっては診断名を伝える必要があるので，保護者の了解と医療等の関係機関の協力が必要です。保護者の意向や願いを十分傾聴し，学校からはクラス全体に知らせることによるメリットと，学校も足並みをそろえて取り組むことをよく説明し，本人や保護者の不安を取り除いていく配慮が必要です。

医療機関を受診している場合は，主治医からの助言が大切です。障害特性の内容をどのように伝えるかについて，具体的に指示を受ける必要があります。医師との話し合いでは「個別の教育支援計画」を基にし，これまでの支援内容を確認・充実させる取り組みも大切です。校内では，管理職に報告して指示を仰ぎましょう。

また，特別支援教育コーディネーターとの連携に加え，特別支援校内委員会を通して職員間の共通理解を図ることが必要です。以下の共通理解は，生徒への説明の際にも大切な留意点になります。人には誰にでも長所・短所や得意なこと不得意なことがあること，一人では難しいことでもサポートがあれば取り組めること，対人関係において悪意や敵意はないことなどです。

そして，日々の生活の中での特性に対する具体的な関わり方，例えば，声かけの仕方であれば「ちょっと，適当に，こんなふうに」などの抽象的な表現の理解は難しいので「短い文で，一つずつ順を追って」伝える，環境面では「大きな音が苦手」「絵カードなど視覚的な手がかりがあると理解がしやすい」，行動面では「急なスケジュール変更が苦手」なので「〜の次は〜などの手順を明確に示す」，また「授業の途中で気分転換が必要」などを説明します。

彼らなりにがんばっていて，苦手なことは自分なりに努力をしていますが，障害の特性が著しい場合，なかなかよい結果が見えてこないことがあります。そのため，生徒どうし互いに認め合う共感性のある関わり方を意識させること，他者に配慮し自分も相手も大切にすることを努めて教えていくことが大切です。

ここがポイント　生徒への説明の際に

- ●「困り感」と障害特性の理解不足は，生徒間の様々なトラブルを生じさせる
- ●障害特性の説明内容については，医療等の専門機関の助言を得る
- ●保護者や専門機関と連携して，校内体制で取り組むことが重要
- ●具体的な関わり方を提示し，学級のルール作りに配慮する
- ●生徒どうしが共感の持てる関わりと多様性を認め合い，支え合うことが大切

ベテラン先生からの　アドバイス

担任として，発達障害のある生徒が抱える「困り感」を，クラス全体や場合によっては他の保護者へどのように説明していけばよいか悩むところです。しかし，発達障害の特性の説明は学校における大事な役割となります。

学校は，生徒がルールに対し折り合いをつけて対人関係を営む知識と技能を体験する場ですから，学校生活の様々な場面を利用して育てていくことが大切です。障害のある生徒の「困り感」や特性の説明は，学級集団を育成するよい機会となりますし，当該生徒の二次障害の予防にもつながってきます。教師も生徒とのリレーションを確立し，常に学級が教師により見守られているという安心感を持たせながら取り組んでいきましょう。

（岩手県立盛岡ひがし支援学校指導教諭・学校心理士　三田 祐一）

Q5 障害のある生徒を受け入れるあたたかな学級の雰囲気は，どのように作っていったらよいでしょうか。

学級の雰囲気が悪すぎるなあ…。

発達障害の生徒がクラスの中で孤立してしまいそう

Aくんは、クラスの中で楽しめていないなあ

一人ひとりのよいところを認め合える学級にしたいなあ

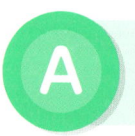

A 特別な支援を要する生徒をはじめ，すべての生徒にとって安心・安全で授業がわかる喜びや学ぶ楽しさを味わえる学級であることが大切です。

●一人ひとりを大切にする学級経営

学校生活の基本は学級です。特別な支援を要する生徒だけでなく，すべての生徒にとって安心・安全な学級であることが重要なポイントです。

生徒が互いの個性を尊重し，協力して主体的に楽しく学べる学級作りが不可欠になります。

> **安心できる学級作りのポイント**
> ・できるだけ賞賛する場面を増やす。
> ・適切な行動をわかりやすく説明する。
> ・多様な意見や考え方を出せる雰囲気を作る。
> ・誰でも発言・質問できる雰囲気を作る。
> ・生徒どうしで教え合ったり助け合ったりできる場面を作る。
> **支え合う学級作りのポイント**
> ・目標を具体的に提示する。
> ・目標を踏まえた具体的な「めあて」を示す。
> ・ルールを明確化する。
> ・集団の一員としての自覚を持たせる。

> ・生徒の得意なことや好きなことを把握する。
> ・生徒の活躍できる機会がある。
> ・生徒の努力を賞賛する。
> ・感謝の気持ちを自然に表現できる雰囲気を作る。

●特別な支援を要する生徒の周りの生徒に対する配慮

特別な配慮を必要とする生徒が在籍している学級では，周りの生徒はどのように接してよいかわかりません。まずは，先生がどのように支援するか，サポートの仕方や対応のモデルになって模範例を示すことが大切です。障害のマイナスイメージが強調されないように，よい点や努力している点を示して賞賛するとよいでしょう。生徒どうしが協力して助け合うことや努力している生徒を応援する雰囲気を作ることも大切です。

●特別な支援を要する生徒に対しての配慮

生徒を認め，勇気づけ賞賛する機会を増やしま

す。否定的な言葉は用いず，肯定的な言葉で対応することで行動意欲がわくと思います。一つの指示に対して一つの行動を原則的として，指示は生徒が理解しやすいはっきりとした言葉で伝える工夫が大切です。また，好ましくない行動については，好ましくない理由をしっかりと伝え，その対応策も生徒と一緒に考えるとよいでしょう。

●生徒をしっかりと理解し支える

　まず，無気力や問題行動に見えたりする特別な支援を要する生徒の背景にある原因をいろいろな角度から考えることが大切です。また，特別な支援を要する生徒だけでなく，どの生徒も悩みや困っていることを先生や友達に伝えられ，一緒に解決できる雰囲気を作ることが支え合える学級を作るうえで重要です。教師は生徒の行動や考え方を肯定的にとらえ，生徒の気持ちに寄り添いましょ

う。また，生徒が自己を冷静に見つめる時間を作ります。自己や他者の理解ができる生徒と先生の関係，生徒どうしの関係を築くことが，生徒の自己肯定感や社会性の育成につながります。

●一人ひとりの違いを認め支え合う

　特別な支援を要する生徒だけでなく，どの生徒にも自分は大切にされている，努力を認められていると感じられる言葉かけや具体的な支援をすることで，生徒と先生，生徒どうしの関係を向上させ，生徒の自信となり行動するエネルギー源となります。

　個性豊かな生徒たちが学級で自己を表現したり向上心を持ち活動に取り組んだり，意欲を持ち学校生活を過ごすためには，一人ひとりの生徒が自分や友達のよさや苦手なことについて知り，認め合い，励まし合うお互いにとって良好な人間関係を築けるように教師が支援をすることが必要です。

ここがポイント　あたたかい学級の雰囲気を作るために

● 障害に関する正しい知識を伝える

● 障害を身近なものととらえることを伝える

● 生徒をしっかりと理解し支える

● 生徒一人ひとりの違いを認め，支え合う

ベテラン先生からの　アドバイス

　生徒たちは，日々の生活や学習の中で，友達と関わり合いながら日々成長しています。相手の言葉や表情などから，自分の考えが相手にどのように伝わったかを知ることができます。中学生になると，自分を客観的に見て，自分自身の困難さや友達との違いに気づき自分を否定的にとらえることがあります。

　逆に自分を高く評価する場合もあり，友達とトラブルになるケースが多々あります。

　一方，特別な支援を必要としている生徒は，自分の考えや感情を言葉や動作などで上手に伝えることが苦手です。また，相手の気持ちを表情や言葉から察することができなかったりする様子が多く見られます。

　教師が，生徒に対して，自分の行動の意味を確認できるような声かけや具体的な支援を行うことで，生徒が自分らしく行動でき，自分を肯定的に受け止めることができるようになると思います。

（元東京都足立区立伊興中学校校長　加藤　明）

Q6 障害のある生徒に係活動や当番活動をさせる際の留意点は，どんなことでしょうか。

他の生徒と問題なく，同様に活動ができるのだろうか？

特別な支援を要する生徒が在籍する学級の担任になった

どんな生徒なんだろうか心配だなあ…

障害のある生徒はどんなことができるんだろうか？

A 障害のある生徒の情報を集めると共に，学級経営をしっかりと見つめながら計画的に進めていきましょう。

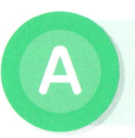

●自信を持って活動できるように支援する

前年度中に，その生徒が在籍している小学校からの聞き取りや就学支援シートなどから情報を集めます。また，可能ならば，保護者と面談をし，生徒にとって安心して活動できるような話し合いができるとよいと思います。

発達障害やその傾向のある生徒をはじめ，特別な支援を要する生徒は，学校全体で育てるという共通認識を持つことが重要です。委員会活動は，学級や学年はもちろん，全学年が所属しますので，特別な配慮を要する生徒の情報について全職員に周知し，共通理解のもと委員会活動を行うことでより委員会活動が充実します。

生徒の自主性を伸ばして責任感を持たせていくために，係活動や委員会活動は大切な取り組みです。生徒は，係活動を通して自主性を発揮し責任感を持って活動するようになります。また，学級の一員として役に立つ喜びを感じ，帰属意識を高

めます。特別な支援を要する生徒にとっては，自信を持てる活動になるような配慮が必要です。

●役割を明確化し，活動を評価する

特別な支援を要する生徒は，いきなり活動の範囲が広い委員会活動などより，学級の中で活動ができる係活動から始めるほうが安心して活動ができます。生徒が自信を持てるようになってから，委員会活動にチャレンジさせるほうがより効果的と思われます。

特別な支援を要する生徒にとつては，見通しが持てないものに不安感を抱きます。係活動や委員会で活動するには，特に以下の3点に配慮し，計画的に進めることが重要です。

(1)時間の確保

係活動や委員会を活発にするには，時間を確保し生徒が余裕を持って活動できるようにします。

(2)役割の明確化

自分の役割は何なのかをはっきりさせ，生徒に

よるが，仕事内容について明確にする（生徒によって仕事カードを持たせる）ことで，活動に自信と責任を持って取り組むことができます。

(3)評価

活動するだけでは意欲を持続することができません。結果だけを重視するのではなく，活動の過程を観察し，その都度励ましの言葉や感謝の気持ちを伝えることで，活動意欲が喚起されます。

● **全校体制で支援する**

周囲の生徒は，委員会や交流及び共同学習を通して共に学び生活する中で，障害のある生徒の特性をとらえ，適切な関わり方を学んでいきます。交流及び共同学習においては，共に学ぶ生徒や教師も大事な環境です。「どうすればうまくいくか」「どんな支援が適切か」，相手の側に立って考えることが障害の理解につながります。

生徒を包み込み，あたたかく支援的な学級経営を心がけることで，学級・学校の雰囲気が一人ひとりのよさを認め合う風土となり，他の生徒の人間関係にもよい影響を与えることになります。

発達障害や特別な支援を要する生徒は，学校全体で支援することが必要です。問題が生じたときに迅速・適切な対応ができるように，予防的な対応も含め全教職員が共通理解し，対象の生徒はもちろん，すべての生徒が安心して学校生活が送れるように配慮していくことが重要です。

ここがポイント　係活動や当番活動に取り組むために

● 生徒の情報を収集し，教職員で共有化する

● 活動を計画的に行う

● 障害のある生徒の係や委員会の活動を明確化する

● 係や委員会で活動時間に余裕が持てるようにする

● 生徒が安心できるように肯定的に評価を行う

ベテラン先生からの　アドバイス

特別な支援を要する生徒は，対人関係やコミュニケーション能力を高めるには係活動や委員会活動が特に有効だと考えられます。そのためには，学年・学校が生徒に対して共通理解のもとに対応する必要があります。私たちにも苦手や得意があります。生徒一人ひとりの違いを認めた上で，できることをお互いに認めて全体の活動の一部として位置づけ，役割や方法をみんなで確認し，できていくことをお互いに支え合うことができる学級経営や委員会指導にしたいものですね。

そのために，教師は生徒どうしがどのような関わり合いをしているかを注意深く観察し，特別な支援が必要な生徒に対しては，できたことに対して言葉や表情などでしっかりとほめてあげることで生徒は自信を持ち，さらに活動に対しての意欲を高めます。障害のあるなしにかかわらず，生徒の困難さやがんばり，努力をキャッチするアンテナをフル回転させ，状況に応じてほめることができる姿勢が大切だと思います。

（加藤　明）

Q7 障害のある生徒の休み時間の過ごし方の配慮は，どのようにすればよいでしょうか。

みんなと過ごさせたほうがいいのか？ 一人のほうがいいのかな？

Aくんは，どうしたいのかな？

友達と一緒のほうが，Aくんも楽しいのかな？

Aくんに，係の活動をしてもらうのがいいかな？

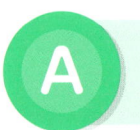

A 「休み時間くらい一人でいたい」「みんなとボール遊びがしたい」など，生徒本人がどのように過ごしたいのかを見極めることが大切です。

●本人がどのように過ごしたいのか

休み時間は，生徒にとっては授業中にはできないことができる時間として楽しみにしていることが多いと思います。そのような大切な時間を有意義に過ごすためには，どのような配慮が大切か考えてみましょう。

やはり「本人が，どのように過ごしたいか」本人の気持ちを大切にする配慮が必要だと考えます。「一人で本を読みたい」「好きな絵を描きたい」「友達と校庭でサッカーをしたい」など人それぞれだと考えます。無理やりこうしなさいというのではなく，生徒の話を聞き対応することが必要です。

●遊べない，何もしたくない生徒への対応

障害のある生徒は，人間関係がうまく図れない，他の生徒とコミュニケーションがとれない，一人でいることが多いなど，他の生徒との関わりがうまくとれないケースが多くあります。そ

のような生徒に，先生が直接関わることも必要ですが，なるべく同世代の生徒たちと関わらせることが大切です。

ピアサポートの考え方ですが，仲間の支援や後押しを得ながら人と協力したり話し合いをしたりする機会を作ることで，コミュニケーション力を育てることができます。生徒の中で比較的仲のよい生徒に協力してもらい，意図的に関わりを持つように工夫してみましょう。

●係活動などとして取り組ませる

一人でいることが多い生徒の場合，意図的に係の活動に取り組ませることも必要でしょう。例えば，「配布物を配る」「明日の授業の用意連絡を黒板に書く」など学級の係の仕事，また，委員会を担当する先生に協力してもらい「体育委員会のボール貸出係」「図書委員会の図書貸出係」などです。昼休みの活動を工夫することで，「何もしない」「何もできない」のではなく，「Aくんは毎

日の仕事を続けているよ」と，他の生徒にがんばっている姿を見てもらえる機会となります。

　その場合でも，学級担任だけでなく，他の先生の協力が得られたり，ピアサポートの考えの下に，支援をしてくれる生徒の協力があるといいです。

●余暇活動の基盤となるように

　自発的な余暇活動ができるように意図的に指導することは，生徒本人が将来充実した生活を過ごすためにも必要だと考えます。「本を読む」「絵を描く」などの一人での過ごし方でも，それに本人が落ち着いて取り組めて，次の授業へのスイッチの切り替えとなればよしと考えます。また，他の生徒との関わりにより，人間関係の形成やコミュニケーション力を身につけることも将来大切なスキルになります。

　教育的な支援が必要な生徒へ学習面だけでなく，生徒が安全で安心した休み時間を過ごすためにも，意図的な支援が必要であることを保護者と話し合い，理解と協力を得ながら連携した支援を進められるとよいでしょう。

●心理的な安定を求めた居場所作り

　知的障害のある生徒や発達障害のある生徒の中には，「イライラする」「落ち着かない」など心理的に不安状態になる生徒も少なくありません。心理的に安定できる場所，安心できる場所等を生徒と相談して作ることも必要です。ただ，いつでも，いつまでもではなく，時間や利用条件など約束をすることも大切です。

　自分なりに安定を図ることができるようにコントロールしながら，他者へ関わる場面や条件を見つけていくことが，将来の社会参加のためにはとても必要なことです。

ここがポイント　休み時間の過ごし方の配慮

- ●生徒本人が「どう過ごしたいのか」本人の気持ちを大切にする
- ●他の生徒の協力を得て，支援や後押しをする
- ●係や委員会活動など活躍する場を作る
- ●将来の余暇活動の基盤となるようにする

ベテラン先生からの　アドバイス

　障害の有無にかかわらず，生徒が安全で安心に過ごせる学校でなければなりません。休み時間の過ごし方については，そのようなことまでも教師が配慮しなければならないのかと感じられる先生もいるかと思いますが，学習面だけでなく生活面での配慮もやはり大切です。

　休み時間は，生徒にとって自由な時間です。その自由な時間を過ごすことが苦手な生徒もいます。特に，発達障害の生徒は，人間関係やコミュニケーションが苦手で，「遊べない」「何をしていいのかわからない」ことがあります。

　休み時間は，他の生徒との関わりの場，コミュニケーション力を育む場，係活動などで自己有用感を図れる場など様々な活動の場であり，有意義な体験ができる時間として先生が活用していくことが大切です。

（東京都中野区立第七中学校主任教諭　山田 貴之）

特別支援学校や特別支援学級の生徒との交流及び共同学習は，どのように進めていけばよいのでしょうか。

ねらいは? 内容は? 手順は? 特別なことはできそうにないし…。

どんなことをしたらいいのか，わからないわ…

相手に嫌な思いをさせないかしら…

行事の精選が叫ばれる中，特別なことはできそうにないし…

両者の教育目標に，どのように合致しているかを共有することが大切です。

交流及び共同学習を進めるにあたり，大切にしたい考え方の一つに「共に学び育つ」の理念があります。未来を担う生徒たちに，今インクルーシブな教育をすることが，共生社会の実現につながることを指導者として再認識し，交流及び共同学習を進めることが大切です。もし，担当者となったあなたが交流及び共同学習をどのように進めてよいか迷ったときは，同僚に，保護者に，生徒に，その理念を伝えてみてください。きっと多くの賛同と協力が得られるはずです。

交流及び共同学習を円滑に進めるにあたり，下記の点を考慮しましょう。

●関係者の共通理解を図る

(1) 必要性と意義：誰もが人格と個性を尊重し合える共生社会の実現を目指す。

(2) ねらい：教育的効果を確認し，両者の教育目標に合致させる。

(3) 計画：話し合う機会を年間計画に位置づけ，

有機的な連携や協力体制を確保する。

●組織作り

(1) 双方の教職員や学校，学年，生徒会等の担当者を組織する。

　① 両者で役割を分担する。

　② 連絡会や研修会を実施し活動を効果的に行う。

　③ 学校の様子や児童生徒の様子を理解し合う。

　④ 活動実施後の反省会や指導計画，指導内容，指導方法の改善を行う。

(2) 生徒会の活動に組み込む。ただし，生徒の発達の状況に応じて工夫する。

●指導計画の作成

(1) 年間の指導計画，活動ごとの指導計画を作成する。その際，教育活動上の位置づけ，評価計画，学習形態や内容，時間，場所，役割分担，協力体制などを検討する。

(2) 無理なく継続的にくり返すことができるような活動を仕組む。

(3) 障害のある生徒が参加することを前提に計画を立てる。特別支援学級の事情を考慮しながら全校の時間割を決定したり，行事等の内容や進め方を決定したりする。

●事前学習

(1) 活動内容や役割分担，事前準備を通して事前学習をする。
(2) 通常学級の生徒には障害についての正しい理解，適切な支援や協力の仕方の学習をする。
(3) 特別支援学級(学校)の生徒は，積極的な行動，支援や協力の求め方・断り方，自己表現の仕方を学習する。

●実際の交流及び共同学習

(1) 安全確保を最優先する。
(2) 生徒の主体的な活動を促すために，活動の流れを一定にしておくなどの工夫をする。

●事後の学習

(1) よかったことや成果を中心に活動をふり返える。
(2) 個々の生徒のふり返りを周囲に伝えることで，学習に対する関心を深めるなどの工夫をする。

●評価

事前に確認したねらいについて
(1) 共に学習した教科，領域において，どのような力が身についたかについて評価する。
(2) 活動を通して，相互理解がどのように深まったかについて評価する。

●実施上の留意点

(1) 集団の人数を考慮し，工夫する。
(2) 担当者が事前に学習に関する願いを伝え，相互理解のための話をする。
(3) 学習のねらいや計画，活動内容を双方の保護者に伝え，理解を求める。

ここがポイント　交流及び共同学習の基本

● ねらいは，両者の教育目標に合致させ，生徒にも自覚させる

● 従来行ってきた行事や無理なく継続的に取り組める活動を年間計画に位置づけ，取り組む

● 双方の教職員，生徒が活動内容を計画し，工夫する中にこそ学びがある

● 早期からの自然な交流及び合同学習を仕組む

ベテラン先生からの　アドバイス

ふさわしい相互理解を促すためには，生徒の発達段階や経験の違いに応じたねらいや計画，活動内容とすることが大切です。経験が浅い段階では共に活動する中で互いの個性の違いを感覚的に理解することができるでしょう。また，学年が進み経験が深まるにつれ，計画立案の段階で障害者理解に関する事前学習をし，その学習を活動の工夫に生かすことで，より相互理解が深まることが期待できます。

一方，これらの活動を支えるために，指導者として押さえておきたいことに障害特性があります。視覚，聴覚，知的，肢体不自由，病弱，言語，自閉，LD，ADHDなどそれぞれの困難さを理解することで，安全かつ双方が楽しいと感じる活動を仕組むことができるでしょう。指導者の考え方や接し方を生徒がお手本としていることを意識したいものです。

(岩手県盛岡市立厨川中学校　大林 朋子)

Q₉ 上級学校等への進路指導を行う際に，どのような配慮をすればよいでしょうか。

進路指導をどうやっていいかわからない…。

この生徒はどんなよいところがあるのだろう…

「将来が心配だわ。進路はどうしたらいいのでしょうか?」

本人はどうしたいのかな?

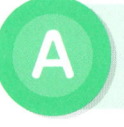

A 本人の意志確認とそれに向けての支援が大切です。

●本人や保護者に不安感がある場合

一番大切なことは，本人がどのような意思を持っているかを確認し，その意思を支援していくことです。しかし，本人も保護者も見通しが持てずに，不安のみが先行している可能性があります。教師は，まずその不安感に寄り添うことが何よりも求められます。

そのために，じっくり話を聴く姿勢を持つことが重要です。本人に不安の自覚がない場合もあります。その場合は，保護者から不安の裏返しの願いを聞き取ります。進路選択を直前に控えた時期ではなく，日ごろからコミュニケーションをよくとるようにしておきましょう。本人や保護者は何が不安なのか，どんな願いを持っているのかリサーチしていくと，進路指導に生かすことができます。

●進路のイメージを持っていない場合

進路についてのイメージがまだはっきり持てていない場合は，自己理解が深まるような指導を進めていきましょう。自分の課題となる点はもちろんですが，優れている点を日常の場面からていねいに拾い集め，本人が納得するような形で自己理解を進めることが，進路指導の第一歩です。

思春期になり，自己肯定感が下がっている場合もあります。教師自身が生徒の活躍している場面を積極的に情報収集し，どんな場面で生き生きと活動できるのか，生徒自身が伸びる環境はどんな場なのか，逆に苦手なのはどのような場なのか，生徒自身が気づくような工夫が求められます。

●実現不可能な夢を持っている場合

自己理解が進んでいないなどの理由から，実現不可能な夢を持っている場合もあります。その場合は，決して否定をしてはいけません。時間をかけながら，スモールステップで考えさせることをしてみましょう。「なぜそのような夢を持ったのか」そのような夢を持ったことをほめながら，その夢に近づくために「今何をするとよいのか」など

を一緒に考えていくと，日ごろ指導していることが「知識」にとどまらず，「活用力」を育てることができます。成功体験していることを想起させ，自己肯定感を持たせていきましょう。

●情報を集める

中学校卒業後の進路選択については，教師自身が進路情報を広く集め，知っておくことが大切です。時には実際に上級学校に足を運び，肌で感じることも必要でしょう。教師自身が専門性を持った上で，保護者の意向も踏まえながら様々な選択肢を想定し，時間をかけて意思を確認していくことが重要になります。

そして，実際に本人が保護者と一緒に上級学校を見学にいくように勧めることは，大変効果的です。保護者が先に見学に行ってもよいでしょう。上級学校の学校公開の機会があれば，積極的に参観を勧めてみましょう。本人の意識がまだ進路に向いていなくても，保護者が上級学校のイメージを本人に伝えれば，本人が将来について考え見通しを持つきっかけになります。また，保護者が先に情報を得ておけば，本人の意志が固まったときに，すぐに行動へ移す準備もできます。

●上級学校へは

本人についての配慮事項があれば，「個別の教育支援計画」などを活用して，上級学校に情報を提供することを本人や保護者へ勧めましょう。このことは，支援の継続性につながり，本人が新生活のスタートでつまずかないためにも重要です。また，中学校側も本人や保護者の了解を得られれば上級学校と積極的に情報を共有し，中学校で行った支援がつながるようにするとよいでしょう。上級学校も安心して本人の状況を理解できます。

ここがポイント　進路指導では

● 本人や保護者の不安感に寄り添う

● 自己理解を深めさせる

● スモールステップで考えさせる

● 中学校から上級学校への進学について，教師自身が様々な情報を持つ

● 最終目標は，就労となるよう主体的に考えさせる

ベテラン先生からの　アドバイス

進路について考えることは，生徒自身にとって，未知の世界へ飛び込む大変不安の強いものです。特に障害のある生徒にとっては，見通しがないことは大変苦痛でしょう。保護者も同様です。障害のある子どもを持つ保護者にとっては，子どもの人生について直視せざるを得ない現実との対峙ともいえるでしょう。

そうした不安を解消するために，まず大切なのは生徒や保護者が安心できる人間関係を築くことです。そのうえで，将来社会で生き生きと活躍できるよう様々な可能性を探り，本人が主体的に進路を選択できるよう支援していきましょう。そして，教師自身が特別支援学級や上級学校などの教師とも十分に連携をとり，様々な情報を得ていきましょう。

（東京都府中市立府中第三中学校校長　髙岡 麻美）

Q₁₀ 幼稚園や保育所，また，小学校との連携や引き継ぎは，どうすればよいでしょうか。

情報の引き継ぎはすべきだけど，具体的にどう取り組めばいいのかな？

どう支援していけばいいのかな
…

小学校時の様子は，当時の担任に確認するのがいいかな…

特別支援教育コーディネーターの先生へ相談してみようか…

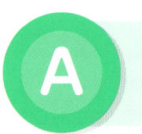 **会議や資料を活用したり，幼稚園・保育園や小学校を訪問したりして，生徒の情報を集め，支援の方向性を絞り込みましょう。**

●連絡会を設定して情報をたくさん集める

生徒はもとより，教師も困らないように，対象生徒の情報をできるだけたくさん収集します。中学校入学後，新たな環境においてもスムーズに支援が受けられるような調整が必要になります。引き継ぎとして「中学校区の連絡会」を設定し，児童の情報交換をするとよいでしょう。

引き継ぎは担任まかせにせず，特別支援教育コーディネーターが先頭・中心になって進めます。支援を必要とする生徒の場合，「個別の教育支援計画」「個別の指導計画」を作成して指導や支援されていることが多く，大事な引継資料の一つでもあります。また，「支援シート」を活用している場合もあり，引き継ぎの際のツールになります。

得られた情報は，担任や学年団だけでなく管理職をはじめとする学校全体で共有し，みんなで対象生徒への理解を深めていくことが重要です。指導者・支援者が同じ方向性や方針で対象生徒と向き合い，いつでも同じ対応ができることが本人の安心感や安定感を引き出します。また，資料や計画シートには個人情報が多く盛り込まれています。保護者の同意を得ながら共有していきます。

●関わってきた支援者から様子を聞く

対象生徒の育ちについて，これまで本人に関わってきた周囲の支援者に聞くことが有効です。幼児期であれば幼稚園の先生や保育園の保育士，小学校であれば担任・副担任・学年主任の先生など，これまで密接に関わった先生方から話を聞きます。また，「幼保小連絡会」での引継資料などのエピソードが参考になることもあります。直接インタビューすることで，これまで効果的であった支援方法や，適当ではなかった支援方法がより具体的になり，継続したい有効性のある指導と支援について明らかになります。

申し送り事項だけでなく，必要に応じて必要な情報を詳細に知ることで，対象生徒へより充実し

た支援ができます。例えば，幼少期に「先天的な特性・一次的な要因が強い」と思われていた生徒が，成長と共に「後天的な個性・二次的要因の影響」というように見立てが変化することも珍しくありません。成育歴，家庭環境，病歴や通院歴など，多くの情報を持つことが，より適切な支援に結びつきます。

●実際の場面から方向性を見つける

対象生徒の実態や状態像を正確に把握するため，実際の生活場面や学習場面を参観（観察）することも一つの方法です。入学前に対象生徒の現状を知り，理解し寄り添い，適切な支援につなげて展開していきます。目で見た情報，耳で聞いた情報，肌で感じた情報，心で受け止めた情報をしっかりと把握し，本人が抱える困難に向き合い，

どの環境においても支えられるようにしましょう。

対象生徒の様子については，特別支援教育コーディネーターが中心となり，学級担任（教科担任）・学年主任（学年団）・生徒指導主任・管理職等で構成される校内委員会で情報共有し，共通理解を図ります。会議では，対象生徒の育ちを支えるために，よりよい支援について検討していきます。

幼児期から学齢期において，切れ目のない支援の充実化を図るため，時に保護者の思いや願いも加味しながら，支援の手立てを明らかにしていきます。そのためには，日ごろから校内支援体制の整備が図られていなければなりませんし，定期的に（時には随時）校内委員会が開催できる環境を整えておきましょう。

ここがポイント　**保育所や小学校から情報を引き継ぐために**

- ●「中学校区の連絡会」を設定する
- ●「個別の教育支援計画」「個別の指導計画」「支援シート」などから，対象生徒の情報をできるだけたくさん集める
- ●実際にこれまで対象生徒に関わってきた支援者からエピソードを聞く
- ●必要に応じて「幼保小連絡会」にさかのぼって情報を集める
- ●学校全体の支援体制を整え，教職員全員で支援の方向性を確認する

ベテラン先生からの ▶ **アドバイス**

対象生徒の情報は，多ければ多いほど「支援の幅」が広がり，よりよい育ちの支えにつながります。中でも，有効性のある支援や手立ては継続的に実践していくことが望ましいです。時に上手くいかない場合もあると思いますが，そんなときに役立つのが「支援の幅」です。自分の引き出しの中にある支援方法（情報）を基に実践していきましょう。

思春期に入ると，対象生徒の状態像に変化が現れるかもしれません。本人を見守りつつ，過去の引継資料や支援者からのアドバイス，そして自分たちの見立てを大切にしながら，真摯な態度で向き合いましょう。担任も特別支援教育コーディネーターも，決して一人で抱え込むことなく，また孤独になることなく，学校全体で取り組んでいくことがとても重要になります。

（岩手県立盛岡みたけ支援学校　菊池 明子）

Q 11 療育機関や医療機関との連携は，どうすればよいでしょうか。

療育や医療の施設は敷居が高いな…。

他の生徒と一緒に学習できるかな?

この生徒はどんな支援が必要なのかな?

まずは医療機関に聞いてみる必要がありそうだ…

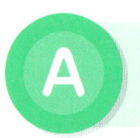 **保護者の了解を得た上で，専門機関のアドバイスを受けながら支援を焦点化し，保護者・教職員・療育機関や医療機関などが連携して対象の生徒を支えましょう。**

●専門機関と情報を提供し合う

「療育機関」「医療機関」と聞くと敷居が高いイメージですが，専門性が高く的確なアドバイスを受けることができます。対象生徒が療育機関や医療機関とつながっている場合には，ぜひ保護者の理解と協力を得て，生徒の実態（学校での学習活動や生活の様子）を伝えながら，専門機関と一緒に支援方法を考えていきましょう。

「個別の教育支援計画」を作成しておけば，専門家の助言を参考にしながら，本人のニーズに対応した支援目標を設定したり支援内容を検討したりすることができます。また，情報を提供するだけでなく，専門機関が持っている対象生徒の情報を聞き取り，教育現場で活用することも可能です。障害や診断の有無にかかわらず，保護者の同意の下（または保護者経由で），「本人の認知特性やそれに対する支援法」「心理検査の結果や服薬の状況」「受けている作業療法等の内容」などについ

ての情報も得ることができます。

ケースによっては，家庭と学校，また専門機関で見られる本人の姿に違いが現れることがあります。学校側は本人の学習や生活の様子を主治医や作業療法士等に正確に伝えられるよう，日々の記録をしっかりとまとめておきましょう。相互にスムーズなやり取りができるよう，保護者にも協力してもらいましょう。

●療育の場面に立ち会う

対象生徒の自立や社会参加に向けた指導・支援ができるように，実際の療育の場面を参観することも大切です。感覚統合・ビジョントレーニングなど，本人の困難さに寄り添った取り組みを学校の学習活動に取り入れることができるかもしれません。作業療法士等から得られた情報を参考にして，自らの専門性も高めていくことが求められます。専門機関で支援の役割分担をすることも大切ですが，有効な支援を共有化してみんなで活用

していくことも重要です。

●ケース会議を設定して情報を共有する

校内支援会議のほか，療育機関や医療機関などの専門機関関係者を交えたケース会議（支援会議）を設定し，支援者みんなで対象生徒を支えます。ケース会議を通して情報共有・共通理解を図り，保護者・教職員・専門家が一緒になって，本人の様子や支援について確認することで，指導目標や支援内容がより明確になり，総合的な支援にもつながりやすくなります。会議の記録は支援シートとしても活用できるでしょう。支援の方向性と対応が一本化されることは，本人のニーズにも応えやすくなるということです。

ケース会議で確認された支援については，実践したうえで評価することも大切になってきます。

本人のニーズ，保護者の願い，担任の思い，専門家の考えや判断など，次のステップに反映できるように改善を図っていきましょう。

一堂に会した会議で，「みんなで育てる」という意識が高まれば，それぞれの支援者にも安心感が生まれます。また，対象生徒も目標に沿う安定した支援を受けられます。必要に応じて，本人がケース会議に参画する場合もあるかと思います。本人が納得できる支援を受けられることは，本人の主体性を引き出すことにつながります。

中学校の現場において，療育機関や医療機関との連携，ケース会議の持つ意味や性格について，その重要性を校内の教職員に周知したり理解してもらったりすることが大事です。対象生徒を学校全体で育てる体制の構築が求められます。

ここがポイント　療育機関や医療機関との連携のために

● 対象生徒の実態（家庭や学校での姿など）を専門機関と共有する

● 保護者に介入してもらい，一緒に支援する

● 専門機関の持つ情報や知識を教師の教育的な専門性に変えていく

● 必要に応じて役割分担をし，本人にアプローチしていく

● ケース会議を設定し，本人への支援をフィードバックしながらみんなで育ちを支える

ベテラン先生からの　アドバイス

専門機関と連携することは，より専門性の高い支援をより効果的に実践できることに直結します。躊躇せずにつながり，専門機関の持つ情報や知識を活用しましょう。それぞれの専門分野の視点を上手く生かすことが支援の焦点化につながり，発達を支える土台を作ります。

対象生徒は日中を学校で過ごすので，本人が困難さを感じるのも学校であることがほとんどです。専門機関とつながり，学校での様子を正確に伝達しながら専門家の力を借りて支援することで，「担任一人の問題ではない」ことと「みんなで支援する大切さ」を実感してほしいものです。ケース会議は，対象生徒の課題を明らかにしたり支援方法を探ったりするだけの場ではなく，支援者どうしが一生懸命に協力し支援を進める中で一体感を感じる場でもあります。

（菊池 明子）

 **Q 12** 障害のある生徒が学習についていけないので，特別支援学級への転学（教育の場の変更）を勧めたほうがいいと思っているのですが…。

障害のある生徒に特別支援学級への転学を勧めたい…。

授業をしていてもわかっていない，ついていけないようだ

特別支援学級に入ったほうが，よいのではないかな?

校内の委員会に相談しよう

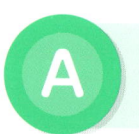 **A** 特別支援学級への転学をするためには，まず校内委員会等での検討が必要です。

●適切な教育の場について，学校全体で検討する

「その生徒が学習についていけない，特別支援学級を勧めたい」ということは，担任だけの判断でできることではありません。まず，「就学支援委員会」（学校によって名称は異なる）などで検討してから進めることが必要です。

その委員会の進め方としては，

①根拠となる検査等を実施する

漠然と「学習についていけない」というのでは，具体的な根拠にはなりません。客観的な評価（心理検査，発達検査のようなフォーマルな検査）を実施し，その生徒の学習のつまずきの様子をとらえましょう。

②関わる先生方から聞き取る

教科担当から各授業場面での具体的な様子を聞き取ります。漠然と「遅れている」というのではなく，どんな点がどのように難しいのか情報を集めます。例えば，教科書の音読が困難，板書の視写が困難，社会での地図の読み取りが難しい，体育での球技ができない…など，その生徒の細かな状況をとらえましょう。

③その生徒のつまずきをカバーできる方法を探る

生徒の具体的な遅れの様子やつまずきの実態をとらえたら，日ごろの授業の中でカバーできるところがないかどうか，関わる人たち全員で探りましょう。障害による困難さを減らす方法を，学校全体で工夫することが大切になります。

④本人・保護者・家族の願いも聞く

単に「特別支援学級」に入ることだけがよいとは限りません。全部の教科を通常学級で行うのではなく，遅れの大きい教科のみ支援学級で行うなどの方法もあります。中学3年間の途中で，特別支援学級に移ることのメリット・デメリットもよく考えることが必要です。

そしてそれは，その生徒の進路にも関わります。将来，どのようなことを望むのか，本人の希望や

保護者の願いなどもよく聞いてみましょう。

⑤生活全般からとらえる

　学習場面での遅れだけではなく，例えば，休み時間や放課後，部活での様子など学校生活全体でどのように過ごしているのか，集団との関わりはどうなのか，それらの視点からその生徒の状況をとらえることも必要です。

　①〜⑤までの手順を踏みながら，学校での委員会で検討し，市町村の支援委員会での検討へと移っていきます。生徒にとっての教育の場の変更は，以上のような手順をとることが前提となります。

　生徒の将来を見据え，適切な教育の場について，校内でしっかりと検討することが最も大切なことになります。

ここがポイント　　特別支援学級への転学の際に

● 生徒の全体像をしっかりととらえる
・ 学習のどの場面でどのようなつまずきがあるのか，どのような支援をすればよいのか，を見極める
・ 生活全般から生徒の様子をとらえる

● 中学校を卒業した後の進路（例えば，普通高校へ行くのか，支援学校の高等部へ行くのか，将来どのような仕事をしたいのかなど）も視野に入れて考える

● 生徒本人，保護者の願いもきちんと聞く

以上を組織的に検討し，その生徒にとっての適切な教育の場を考えていくことが重要です。

ベテラン先生からの ▶ アドバイス

　学級の中に，「学習についていけない」と思われる生徒が出てくることもあると思います。

　そんなとき，すぐに「特別支援学級へ」と思ってしまうかもしれませんが，ちょっと立ち止まって，これまでの生徒の学習上や生活上のつまずきや，どんなところに難しさを抱えているのかを，学校全体でふり返ることが大切だと思います。

　校内の支援委員会での検討も踏まえ，適切な教育の場を考えることが何より大切です。生徒にとっては切れ目のない支援が必要で，どうすることがその生徒にとって最もよいのか全校で考えていきましょう。

（岩手大学教育学部附属特別支援学校所属　高橋　緣）

Q 13 障害のある生徒がいじめられているようなのですが，どう対処すればよいでしょうか。

Aくんはいじめられているのかな？ 何が要因かな？

あれ？ Aくんへのいじめ？

何が要因なんだろう？

「Aくんがいじめられているようなんですけど…」

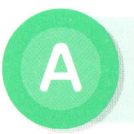

A いじめの状況をしっかり見取り，校内の組織としての対応を考えましょう。

●いじめと思われる行為の要因を確かめる

いじめられている生徒がどのような状況にあり，なぜいじめられているのか，という問題を把握することがまず求められます。いじめの起因となっている要因を見つけ，対応を考えていくためにも学級担任のみならず，教科担任や学年主任，生徒指導主任，特別支援教育コーディネーター，管理職等と連携を図りながら，できる限り多くの目で詳細な情報収集と共有が大切となります。

いじめがあると判断された場合，そのいじめを放置し改善の手立てを講じないことは，障害者差別解消法に抵触します。決して見過ごすことなく複数の目で生徒の様子やいじめの状況を見取り，校内として必要な対応を考えていきましょう。

●生徒どうしの関わりを促す

いじめの状況が見えてきたら，当該生徒への個別の聞き取りという段階に入ります。いじめている側の生徒に対しては，いじめの内容によっては毅然とした態度で指導する必要性も出てきますが，特に中学生という段階においては「教える」よりも「自ら気づく」指導のほうが効果的と思われます。そのためにも，「いじめる」という行為をした自分を客観的に見つめられるような言葉をかけたり，そのときの自分の気持ちを考えるように促したりするとよいでしょう。

ここで大切なのは，双方の話を聞いてそのときの気持ちや考えを教師が仲介者としてそれぞれに伝えることです。相手の思いや気持ち，いじめられていた生徒の特性（障害名ではなく）を必要に応じて伝えることは，相手を理解する第一歩となります。

相手を理解することで共感したり，身近な存在として少しでも認めたりできる関係の中では，他者を排除しようという感情は多少なりとも薄れるのではないでしょうか。障害のある生徒へ理解し納得できるように伝えるには，障害の特性や発達

段階に応じて適切な配慮が必要で，個に応じた伝え方の工夫が求められます。

　個別指導と併せて行いたいのは，集団への指導です。いじめられていると思われる生徒を支える周りの友達の力は，教師からの支援をはるかに超えます。自分以外の他者にも心を配り，生徒どうしで支え合える集団を育てることが，一番の解決策といっても過言ではありません。集団を形成するすべての生徒の自尊感情とソーシャルスキルを育成することが，障害のある生徒を守り，かつ，一緒に成長していく土台となり，学級からいじめを排除することにつながります。

● 保護者と情報を共有する

　いじめられているかもしれないという情報を保護者に伝えるのは，非常にデリケートな問題です。しかし，先延ばしすることでいじめが大きな問題に発展し，取り返しのつかない事態を招くおそれもあります。

　だからこそ，「もしかして」という段階で保護者と情報を共有し，当該生徒を取り巻くすべての大人がその生徒にとって味方であるという状況を作ることが大切です。「当該生徒を学校，担任として絶対に守る」という覚悟を保護者に伝えます。そして，今後どのように守っていくのか指導方針や対応を明確に伝えて，家庭での当該生徒の様子や変化等にこれまで以上に目を配ってほしいこと，何か気になることがあったらすぐに知らせてくれるよう依頼することなどが大切です。

> **ここがポイント**　**障害のある生徒がいじめられているかもしれないとき**
>
> ● いじめと思われる状況をしっかり見取る
>
> ● 担任一人ではなく，学校の組織として対応する
>
> ● いじめられている，いじめている双方の気持ちにできるだけ寄り添う
>
> ● 当該生徒を含むすべての生徒どうしの関わりを促す
>
> ● 保護者と情報を共有し，一緒に見守る

ベテラン先生からの ▶ アドバイス

　いじめへの対応は，障害の有無にかかわらず誰であろうと絶対に許されるものではないという強い思いによる基本的な指導が必要です。と同時に，いじめはいつ誰にでも起こりうるものであり，早期に芽を摘むことで人との関わり方を学ぶチャンスとすることもできます。

　障害のある生徒の場合，人との関わりに困難を抱えていたり，自己肯定感が低かったりするため，特に日ごろから，少しの変化や生徒からのサインに注意を払い，できるだけ早くいじめやそれにつながる行為に気づくことが大切です。生徒の心の傷にするのではなく，関わり方を学ぶチャンスとするためにも早め早めの対応が必要です。

　また，集団の中に障害のある生徒が共に生活をすることで，他の生徒が関わり方を学び成長している自分に気づけるような学級経営を行うことで，いじめが生まれにくい土壌を育てることも大切です。

（岩手大学教育学部附属特別支援学校　田口 ひろみ）

Q 14 クラスの中で，障害のある生徒に友達ができないようなのですが，どう対処すればよいでしょうか。

Aさんは，休み時間はいつも一人でいるのかな？

Aさんは，休み時間は一人でいることが多いね…

Aさんも友達と一緒に遊べたらいいのに…

「Aさんは，どんなことが楽しいの？」

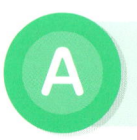

A 障害のある生徒と周りの生徒の両方へのアプローチをしていきましょう。

●生徒の思いに寄り添う

　当該生徒に友達ができない要因を見取るために，クラスの中での生徒の様子をよく観察してみましょう。完全にクラスから孤立した状態にあるのか，授業中のグループ活動などでは一緒に活動したり話をしたりする相手がいるのか，休み時間には一人だけになっているのかなど現況を見取った上で，当該生徒にアプローチしてみましょう。

　このとき，「なんで友達と一緒に遊ばないの」と不用意な言葉をかけると，生徒の気持ちを逆に傷つけてしまいかねません。あくまでも，「先生はあなたのことを気にかけているよ」というスタンスで話しかけることが大切です。その上で，当該生徒がその状況をどう感じているのか，状況を変えたいと思っているのか，変えるとしたらどういう関係を望むのかといった生徒の思いを引き出しましょう。中学生は，思春期のとても複雑な感情の真っただ中で生きています。担任としては，友達と仲よくしてほしいという気持ちになりますが，あくまでもその生徒の気持ちに寄り添った支援やピアサポートなどの対応を考えていきましょう。

●当該生徒のソーシャルスキルの向上を図る

　当該生徒の気持ちに沿った対応を優先したいとはいっても，最低限クラスの中で孤立しているような状況は避けたいです。障害のある生徒は社会性に弱さを持っていることが多く，対人関係につまずき，非常に多くの苦しみを抱えている場合がよく見られます。だからこそ，担任や関わる教師は生徒の気持ちに寄り添いつつ，集団の中で生徒どうしのよりよい関わりを持てるスキルを生徒が身につけられるようにする必要があります。

　そこで有効な支援の一つとして，ソーシャルスキルトレーニングが考えられます。当該生徒になぜそのスキルが必要なのか，そのスキルが身につくことでどのような効果があるかを伝え，手本となるスキルを見せたり不適切な対応について何

が問題なのかを考えさせたりします。

ロールプレイを通して，実際に教師を相手に練習してみるのもよいでしょう。そして，同級生と上手く関われたときは，その場ですかさず「今のいい方，とてもよかったよ」などの声かけや励ましを行うことが大切です。その様子をあえて周りの生徒にも聞かせ，当該生徒のがんばりに気づかせます。逆に上手く関われなかった場合は，なぜ今の言動がよくなかったのかを一緒に考え，自分の言動に対してフィードバックさせるとよいでしょう。

こうしたことをくり返していく中で，生徒自身が「上手く伝えられた・関われた」「こういう話し方をすればいいのだ」ということを少しずつ積み上げ，自信へとつなげていくことが大切です。

●学級集団としての関係作りをする

近年，子どもたちの自尊心の低さがよくいわれています。自尊感情が低いと，自分の存在に価値が見いだせなかったり自分を大切にできなかったりします。自分を大切にできない子どもが，ましてや他人を大切にできるとは思えません。

教師が学校という場所で生徒にできることは，学級のすべての生徒を大切に思っていることが伝わるような学級経営をすることであり，自他を大事にできる生徒を育て，生徒どうしの良好な関係を築き上げていくことではないでしょうか。限られた小集団の中で社会性の基礎を身につけ，他者との関係性を作っていける場所こそが学校であり，教師の力量が発揮できる場面でしょう。

障害の有無にかかわらず，自分とは異なる他者を排除しない生徒どうしの関係作りを柱に置いた学級経営を目指すことが大切です。こうした関係作りのために，構成的グループエンカウンターや対人関係ゲームプログラムなどを意図的かつ継続的に取り入れてみることも有効です。

ここがポイント　障害のある生徒に友達ができないとき

● 当該生徒の思いや願いを引き出す

● 当該生徒のソーシャルスキルを育てる

● ソーシャルスキル獲得のために即時フィードバックをする

● 当該生徒を含むすべての生徒どうしの関わりを促す

● 学級を構成する生徒の自尊感情を育てる

ベテラン先生からの　アドバイス

障害のある生徒がいる学級は，「大変だ」「難しい」との声をよく聞きます。確かに，配慮する部分がいろいろとあり，中学校という多忙な環境の中で目と心を配りながらの指導はわかっていてもできない，手が回らないというのが実情かもしれません。

しかし，そういう生徒がいるからこそ学級がまとまった，という事例もたくさんあります。障害のある生徒を核として学級全体の社会性や自尊感情を育てていくことが，学級経営上の様々な問題を解決し，生徒の自主性，自立性の育成に大きく影響していくように思います。

（田口　ひろみ）

Q15 字を読んだり書いたりすることが苦手な生徒への学習支援は，どのように行ったらよいでしょうか。

授業についていけない。学習意欲が低下してしまう。

「漢字がわからないよ…」

「そんなに早く書けないよ…」

「何を答えればいいのかわからないよ…」

A 読み書きに困難がある生徒は，状態に応じた適切な指導と支援を求めています。

　読み書きにつまずきのある生徒には「LD」「学習障害」「ディスレクシア」など医師の診断を受けているケースとそうでないケースがあります。

●診断を受けているケース

　医療機関を受診し，専門家によってアセスメントが実施され，認知・機能面の困難が明らかになっている生徒がいます。保護者は支援方法への具体的な助言を受けていますから，学校での学習支援をどう実施できるか，面談で保護者のニーズと生徒本人の願いをていねいに聞き取ることが必要です。

　小学校でICT機器等を使用して学習をしてきたケースもあると思います。これまでの学校での状況を把握し，担任だけではなく学校全体として支援方針を定め，「個別の教育支援計画」等を作成して目標や支援の手立てを確認し，定期的な評価をしながら支援していけるとよいでしょう。特に中学校では，定期考査でどのような対応ができるか十分な検討が必要です。配慮を受けて，どう評定をつけるか，校内支援委員会等で協議し，各教科の指導者の共通理解を図る必要があります。

●行動観察から気づきのあるケース

　学校の様子から，読み書きにつまずきがある生徒を「読み書き障害」ととらえてしまうのは安易です。「先天的な脳機能の問題」により読み書きが困難な様相が現れているのか，「学習機会が少ないために未習得の状態」であるのかを見極める必要があります。小学校の段階で，授業に参加しにくかったり，家庭での学習支援が不十分であったりして学習を積み残しているケースもあります。定期考査の結果が下位層にある生徒は，その背景について過去の資料から情報を収集したりアセスメント等を活用したりして探ると共に，読み書きの実態をきめ細かく把握することが必要です。

●教室における合理的配慮

　実際に中学校で行われている合理的配慮の例を紹介しますが，一人ひとりの状態や教育的ニーズ

等に応じて，無理のない範囲で提供されるものであることに留意してください。

【文章を目で追いながら音読することが困難な場合】

・効率よく学習するため，音声やコンピュータの読み上げ機能を活用し，聞き取って文章を理解する。

・必要に応じて拡大コピーしたものを配布する。

【板書したり記述したりすることが困難な場合】

・マス目が大きいノートや罫線のある用紙を用意する。

・ワークシートの文字を大きめの14ポイントとし，B4やA3の大きな用紙を使用する。

・時間内に終われるように，記述する量を減らし，部分的に記述するだけで完成するワークシートを配布する。

・学習意欲が低下しないように，大まかに書けていたり絵で表現できていたりすれば，正解または準正解とする。

【文章の内容理解が困難な場合】

・視覚的に内容をとらえられるように，文章に関連するイラストや写真を提示する。

・各部分（部分と全体）の関係性を見て理解できるように，文章の構成や段落の関係を図で表す。

・限られた中から選んで答えられるように，選択肢を用意する。

ここがポイント　読み書きが苦手な生徒への学習支援

● 過去資料から情報収集したりアセスメントを行ったりして読み書き困難の背景を見極める

● 標準化されたアセスメントを活用して，読み書きの実態をきめ細かく把握する

● 一人ひとりの状態や教育的ニーズ等に応じて，無理のない範囲で合理的配慮を提供する

● 本人・保護者と相談し，個別の教育支援計画，個別の指導計画を作成して支援を行い，定期的に支援の手立てに対する評価と見直しをくり返し行う

● 通級指導教室や特別支援教室の利用時は，指導担当教員と指導方針を共有し連携をする

ベテラン先生からの　アドバイス

　中学校を巡回すると，小学校で会った「低学力」の生徒の相談を行うことが多くあります。小学校低学年時に読み書きにつまずきがあるまま適切な支援を受けられないと，結果的に学習全般の遅れとして現れます。授業がわからないために不登校になったり進路選択の難しさが生じたりしますので，中学校でもていねいな実態把握と適切な支援が必要です。

　入試に向けた相談もあります。合理的配慮の事例が少ないために中学校の先生方が戸惑い，不安になっています。高校入試では，合理的配慮の可否の基準がなく判断が教育現場に委ねられていることから，公平性の担保が課題といわれています。「合理的配慮によって本来持っている能力を保証できるかどうかが公正，公平の判断となる」ため，中学校の定期考査でルビ振りや用紙の拡大，時間の延長等の配慮を行うことでどのような結果が出せるか，個別の教育支援計画等を作成して記録を残すことが実績となり，配慮の必要性を証明するものとなります。

（東京都中野区立上高田小学校　池尻 加奈子）

 **Q16** みんなの前での発表が苦手な生徒への学習支援は，どのように行ったらよいでしょうか。

学習面や他の日常生活に影響を及ぼしてしまうことが心配されます。

生徒A「…」(しゃべれなくなってしまう)

他の生徒「早くしてほしいんですけど〜」「聞こえませ〜ん」

生徒A「(心の声) どうせ，私はダメなんだから」

 **A** 生徒に応じて「安心してできる」発表の方法を考えましょう。

「みんなの前での発表が苦手な生徒」は，発表することに対して，人一倍不安になったり緊張しやすかったりする生徒と考えられます。具体的には，

- ・緊張して話せなくなる。
- ・髪の毛や制服の裾などをいじる。
- ・声が震えて泣いているように聞こえる。
- ・足も震えている。
- ・前日から緊張と恐怖で夜眠れなかった。

という様子が見られます。このような生徒は，すでに小学校のときに，

- ・なんとなく発表の時間が嫌だった。
- ・発表が上手くできなかった。
- ・発表のときに嫌な思いをした。
- ・本当は発表したくなかったけれど，がまんしていた。

このような経験を積み重ねてきていることが多いです。そのため，中学校でますます発表が苦手になってしまっているのかもしれません。

さて，「みんなの前での発表が苦手な生徒」にとって最も配慮しなければならないのは，「発表が上手くできない」という不全感が，

- ・自分のせいで，グループ発表のときに友達に迷惑をかけてしまう。
- ・自分のせいで，授業の進行を止めてしまう。

というような罪悪感につながってしまうことです。

自己肯定感や自尊感情が低下しやすい中学生の時期としては，発表が原因で学習面や他の日常生活にも影響を及ぼしたりしてしまわないように配慮することが必要です。

【発話を強要しない】

教師は，この生徒の気持ちを受け入れ他の生

徒の様子にも気を配り，みんなでこの生徒を支えていけるようにすることが大事です。発話を強要したり話せないことをしかったりすることは論外です。

まれに，発表できないことを非難する雰囲気が教室に起きることがあります。これは，教師の態度に影響されることが多いです。

【本人の特性に応じた対応をする】

生徒の実態は多様なので，生徒の特性に応じて支援策を考えていくことが必要です。例えば，見通しを持つことで安心できる生徒には，「明日，発表があるからリハーサルしてみようか」と促すことで，安心できるようになるかもしれません。しかし，前もって練習することで不安が強まる生徒もいるので，留意しましょう。

【様々な発表方法を授業で取り入れる】

「どうせ，あの生徒は発表できないのだから，発表させなくてもいい」という対応をしてしまうと，この生徒の存在を無視することになります。ますます，自己肯定感が下がってしまうことにもつながりかねません。

「話す発表」だけにこだわらずに，その生徒が得意なこと，できそうなことを生かして，発表できるようにすることもできます。例えば，

> ・紙に書いて発表する。
> ・プレゼンテーションソフトを活用する。

このように，多様な方法を用いて発表することは，他の生徒にとっても効果があります。

ここがポイント　みんなの前での発表が苦手な生徒への支援

- ●「話すこと」を強要しない
- ● 教室の雰囲気作りに配慮する
- ● 生徒に応じた対応策を考える
- ●「発表させない」対応は間違いである
- ●「話す」ことだけにこだわらない，多様な発表方法を用意する

ベテラン先生からの　アドバイス

「生徒にとって安心して学べる教室にする」ことが，学級担任の大きな仕事です。そのためには，学級にいる生徒の実態に応じて環境調整をしていくことが大切です。学級に「みんなの前での発表が苦手な生徒」がいるのであれば，当然，その生徒がどうやったら安心できる学級になるのかを考えていく必要があります。

また，多くの教科の学習では，自分が考えたことを表現することは求められますが，「みんなの前で」「話すことで」表現するということまでは求めていません。つまり，発表の方法もいろいろと工夫することができるのです。発表させることの目的は何か，発表で生徒にどのような力をつけさせたいのかを明確にし，みんなの前での発表が苦手な生徒がいる場合に，どのような対応をするのかを想定しておくことが大切です。

（東京学芸大学大学院准教授　増田 謙太郎）

Q 17 多動で落ち着きがない生徒への学習支援は，どのように行ったらよいでしょうか。

授業を妨害してしまうことになり，他の生徒にも迷惑となる…。

「やめろよ!」(後ろの友達)

「あいつのせいで授業が進まない!」(周りの生徒)

「また，おまえか!」(先生)

 **A** 望ましい行動が定着するための支援を工夫しましょう。

多動で落ち着きがないAさんのようなタイプの生徒は，小学生のころは「勝手に教室の中を動き回る」「教室から出ていってしまう」などの行動が見られたのではないかと思います。一般的に，中学生になると，小学生のような離席や教室を飛び出してしまうような多動な状態は落ち着いてきます。

その代わりに，授業中に周りの友達にちょっかいを出したり，教師が話しているときに出し抜けに話してしまったりする行動が目立つようになってきます。教師に注意されたときは止めたとしても，しばらくしたらまた同じことをくり返し，あげく教師も根負けしてだんだんと注意をしなくなってしまうことが多いのではないでしょうか。

その結果，周りの友達は迷惑を受け続けたり，あるいは，Aさんの行動に同調して羽目を外す生徒が何人も現れたりすることもあります。こうなってくると，教室全体の授業態度が崩れ始め，Aさ

ん自身の学習だけでなく，周りの友達にとっても学習の妨げとなってしまいます。

「多動で落ち着きのない生徒」といっても，実態は様々です。生徒の実態に応じた支援を考えていきましょう。

【授業のルールを明確化する】

まずは，基本的な学習のルールがしっかり理解できているかどうかをチェックしましょう。「それくらい当たり前のことだろう」「小学校で学んできただろう」という思い込みを持たないことです。もしかしたら，そもそも「授業中は友達に話しかけない」「指名されてから答える」という授業中のルールが理解できていないことがあるのかもしれません。

中学校では教科ごとに担当の教師が変わるので，「○○中スタンダード」のように授業中のルールを学校全体で統一して，掲示物や生徒手帳などにはっきりと示すと，生徒にとってわかりやすい支援

になります。

【学習環境に配慮する】

　Aさんの座席の場所について着目してみます。今の座席は，Aさんにとって「集中したくても集中できない環境」なのかもしれません。例えば，机に落書きがたくさんあって集中できない，周りにちょっかいを出しやすい友達がたくさんいて集中できないということはないでしょうか。学習環境を整えることで，不適切な行動が「起こりえない」状態にすることができるかもしれません。

【ポジティブな面を生かす】

　どうしても不適切な行動ゆえに生徒のネガティブな面に目を向けてしまいがちですが，見方を変えて，「適切な行動を増やすために，生徒のポジティブな面を生かす」という視点も大切です。

　例えば，Aさんのようなタイプは，「活動的である」「よく気がつく」という見方をすることもできます。グループ学習など，活動的な学習の時間でのAさんの様子はどうでしょうか。力を発揮したり，よい意見をいっていたりすることも多いのではないかと思われます。そのような場面をとらえて認め，ほめていきましょう。生徒のポジティブな面を認めていくことで，少しずつ行動を整えていくことが大切です。

ここがポイント　多動で落ち着きがない生徒への学習支援

- 学習のルールが理解できているか確認する
- 授業中のルールを学校全体で統一する
- ルールをわかりやすく示す
- 座席の位置などを見直してみる
- 「活動的である」「よく気がつく」面を生かしていく

ベテラン先生からの ▶ アドバイス

　生徒理解とは，「生徒を多面的に見ていくこと」ともいうことができます。「多動」「落ち着かない」というのは，その生徒にとっての一つの見方であり，見方を変えると「活動的である」「よく気がつく」というポジティブな面としても認めることができます。しかし，注意や叱責ばかり受けていたり，自分や友達の学習に悪影響を及ぼしたりするようになると，この生徒のネガティブな面ばかりがクローズアップされることになりがちです。

　多動で落ち着きがない生徒のために，「どのように学習環境を調整していけばよいのか」を考えるときも，「生徒の特性のポジティブな面をどうやったら生かしていくことができるのか」というように考えることが大切です。つまり，生徒のポジティブな面を生かしていく発想です。そのように考えていくと，学校全体での学習ルールの共通理解や日ごろの授業の組み立ての改善など，他の生徒にとっても有効な支援のアイディアが生まれてきます。

（増田 謙太郎）

Q 18 授業中に集中することが苦手な生徒への学習支援は，どのように行ったらよいでしょうか。

授業に集中できないと，学習についていけなくなる心配がある…。

A「〇〇さんはどうしてるかな」，
B「何だよ! あいつの態度は!」

A・B「あれっ! もう先に進んでいる」

A・B 「わからなくなっちゃったから，もういいや」

A 授業に集中できる学習環境の調整と，気持ちを抑制したり切り替えたりするスキルへの支援をしましょう。

Aさんは，ふと好きな人のことを思い出したら，たとえ授業中でも頭の中はもうその好きな人のことでいっぱいになってしまいます。授業に集中しなければいけないことはわかっていながらも，「自分で自分を抑えられない」状態であるといえます。Aさんタイプの生徒は，次のようなことが見られます。

> ・刺激の影響を受けやすい。
> ・不必要な刺激をカットできない。
> ・今その場で必要とされる「注意」を持続できない。

Bさんは，授業直前の休み時間に，友達とトラブルがありました。授業が始まっても，まだその出来事に腹を立てたまま気持ちが収まっていません。いわゆる「切り替えができていない」状態です。Bさんタイプの生徒は，次のようなことが見

られます。

> ・やりたいことを優先してしまう。
> ・物事を順序立てて行うことができない。

この二人に共通しているのは，授業に集中できていないため，授業の内容についていけなくなる可能性が高いことです。気がついたときには，もう授業で何をやっているかがわからなくなり，大切な学習に支障をきたしてしまうことになりがちです。

【スムーズに授業に復帰できるための調整】

50 分間の授業を，15 〜 20 分程度で行う活動を組み合わせて，ユニット化してみます。

〈活動①〉全体説明(15 分)

〈活動②〉グループでのワーク(20 分)

〈活動③〉全体での共有・まとめ(15 分)

このようにすると，それぞれの活動で一区切り

がつくので，もし集中できていなかったとしても，次の活動から仕切り直して学習に向かうことができるようになります。

また，授業の流れを板書に示すようにします。「今ここをやっている」ということがわかるように，マグネットなどで印をつけておくとよいでしょう。さらに，「どんな内容なのか」「どのような方法で行うのか」「どのくらい時間をかけるのか」という情報を可能な限り一緒に書いておくと，生徒は見通しを持ちやすくなります。このような支援は，他の生徒にとっても主体的に学習をするための支援になります。

【気持ちを抑制したり切り替えたりするスキルへの支援】

集中していないときに注意するよりも，授業にちゃんと集中できているときを認めてほめていくことで，望ましい態度を育てていくことができます。その場合は，せっかく集中できている状態を崩さないように，さりげなく「集中しているね」とほめたり，授業が終わった後で「今日はよくがんばっていたね」などと声かけをしたりするとよいでしょう。

また，恋愛や友人関係の悩みは，本人にとっては人生の一大事かもしれません。学業が手につかなくなるほどであれば，その心理的な悩みや不安などを和らげるために，例えばスクールカウンセラーに相談するなど，悩みを自分自身で解決できるようなスキル獲得の支援をしていきましょう。

ここがポイント　授業中に集中することが苦手な生徒への学習支援

● 授業をユニット化して，参加しやすくする

● 授業の流れを視覚化して，見通しを持ちやすくする

● 集中しているときを認めてほめる

● 悩みを自分自身で解決できるようなスキル獲得の支援をする

● スクールカウンセラーなどと連携を図る

ベテラン先生からの　アドバイス

中学生は自主自立に向けての第一歩を踏み出す時期であると同時に，「授業中に集中することが苦手な生徒」は，授業についていけなくなり学習の遅れを招きやすい時期でもあるといえます。

「集中できない」のであれば，「集中できるようになるためにはどのように授業や学習環境を調整していったらよいのだろうか」と，まずは教師ができることを具体的に考えていくことが大切です。

そのように考えていくと，「授業中に集中することが苦手な生徒」には，①学習を上手く行っていくための学習環境の調整，②学校生活や将来の社会生活に必要なソーシャルスキルを身につけていくための支援，という二つの視点が基本になるのではないかと思います。

（増田 謙太郎）

Q 19　宿題をやってくることを忘れてしまう生徒への学習支援は，どのように行ったらよいでしょうか。

できない体験や失敗体験の積み重ねで，自尊感情が低下し無気力に？

連絡帳には，宿題をきちんと書いてない？

遅くまで部活や習い事があり，宿題をやる時間がない？

学習に対して，すでに無気力になっている？

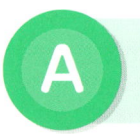

A　何らかの理由でやらない，またはできない可能性があることも考えて対応します。

　たまにうっかりしていて忘れてくるような特性の生徒の場合には，下記のケース１のようなことを習慣づけることで改善が期待できます。しかし，宿題を頻繁に忘れてくる中学生の場合は，やりたくても自力で宿題をこなすことが難しいケースや，小学校からの失敗体験などの積み重ねで自己肯定感が低くなっており，やることに対して無気力になっている生徒が少なくありません。

　そのような生徒は，宿題のみならず，学校生活全般で他の課題も見られると思います。その場合には，忘れないよう工夫するのではなく，家庭と連携しながら宿題をやってこない理由のアセスメントをしっかり行い，それに合った支援方法を考えることが求められます。

●ケース１：不注意が原因でうっかり忘れてしまう

　連絡帳やノートのほかに，お気に入りのダイアリー（可能であればデジタル版でカメラ機能つき）を用意してもらう方法があります。そこには，宿題や持ち物のほかに，人との約束，覚書，日記などを記入するほか，お便りなども貼りつけます。

　これらのことを忘れないようにするための「メモを取る習慣」は，自立に向けても必須スキルとなりますので，早いうちに身につけさせてほしいと思います。デジタル版であれば，配布物もカバンにぐちゃぐちゃに詰める代わりにすべてをデータ化できます。

　その生徒に合わせた一連の方法が定着するまでは，学級担任のみならず各教科担任も生徒の課題を共有して，必要に応じて言葉かけを行うなどの支援体制が望まれます。そして，帰りのホームルームでその日の宿題すべてをメモする（書字に課題があれば写真を撮る）ことが習慣化するまで，担任が確認してあげてほしいと思います。

●ケース２：時間的・物理的余裕がない

　部活や習い事などが毎日のようにある生徒の場合，宿題までたどり着かない理由に，他のこと

をしていて時間的に余裕がなくなってしまったり，疲れていてやる気が出なかったりする場合があります。そのため，家庭との連携をしながら，1週間の予定を書いて可能な範囲でスケジュール管理を一緒に行い，改善を目指しましょう。

時間的に余裕がないことがやらない言い訳になっている場合も少なくありません。その場合には，内容や量がその生徒に合っているかのアセスメントも必要になります。

●ケース3：無気力になっている

学習全般に関しては著しい課題がないにもかかわらず，ある特定の教科のみやらない，もしくはできないことがあります。その場合には，その教科の能力をアセスメントすると同時に，教科担任との信頼関係を考えてみましょう。

逆に，学習面全般に課題が見られる生徒の場合は，既に無気力になっていないか，アタッチメント(愛着)形成に課題はないかなどを考慮してあげるとよいかと思います。その場合には，宿題内容や量の調整をする必要も出てきます。

また，書字の困難さが潜んでいる場合も少なくありません。担任が記したメモを渡したりすることも，合理的配慮になることがありますので，原因に関していろいろな側面からアセスメントできるとよいでしょう。

ここがポイント　宿題を忘れないようにするために

● 理由が不注意の場合には家庭の協力も仰ぎ，習慣化するまで毎日言葉かけをする

● 忘れてくることを責めたりしかったりせずに励まし，一緒に忘れない工夫を考える

● 自尊感情が低下している場合には，できないことには触れず，できることだけに注目して評価し自己肯定感を高める

● 能力的に難しいと判断される場合には，宿題の量を減らしたり内容を変えたりする

● 認知の偏りを補うICT 機器を支援ツールに加え，効果的な活用を考える

ベテラン先生からの　▶ アドバイス

通常学級には，書字に課題のある生徒が一定の割合で存在します。見ていてノートテイクが厳しそうな場合には，あえて書かせる指導を避け，担任が書いたメモを渡したり板書内容をカメラなどで写させたりといった支援が望まれます。発達検査などの結果から処理速度が低いと判明した場合には，必要な支援であり合理的配慮にも当たるでしょう。

学校現場では指導以外の仕事も多く，日々忙しい毎日を送っている先生方には時間的に厳しいかもしれませんが，専門家にも協力を願い，適切な支援ツールとなるICT 機器の導入も視野に入れるとよいでしょう。障害者差別解消法施行以降には，書字課題の支援ツールとなるカメラやタブレット，聴覚的短期記憶の代替ツールとなるICレコーダーなどがメガネや補聴器と同様に教室内で配慮されている学校も少なくありません。

（東京都巡回相談心理士・臨床発達心理士　石坂 光敏）

学習に必要な持ち物を忘れる生徒への学習支援は，どのように行ったらよいでしょうか。

本人の責任？　学習意欲が低下しなければよいのだが…。

連絡帳に，持ち物を書いていても忘れてしまうのはなぜ？

忘れた物の代替物がないときには，授業に参加できない？

生活環境や家庭環境が忘れ物に関係しているのかな？

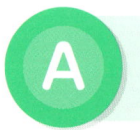

忘れ物の種類や忘れてくる理由をアセスメントし，適切な対応を考えましょう。

　中学生になると，持ち物管理は本人まかせとする親や教師が増えてくるのは当然ですが，うっかり忘れてしまう認知特性の人は，中学生に限らず自力でこの課題を解決することが難しいようです。また，小学校とは違い，教科書以外に使用する教材が増え，教科によっては何冊も持っていく必要が出てきますし，本人だけでは用意できないものや購入する必要があるものも求められることがあるでしょう。

　そのため，学校と家庭が協力して支援をすることが望ましいのですが，どの家庭も協力的であるとはいい難く，本人に責任を問えないケースも少なくありません。そのようなケースでは，忘れ物自体をなくすための具体的な支援となるハード面だけでは解決に至らないことがあり，心理・情緒面といったソフト面にもスポットを当てることが必要となります。

　その意味でも，新年度が始まる前に，生徒一人ひとりの成育歴や家庭環境を指導者間で可能な範囲で共通理解しておきたいものです。たかが忘れ物と考えず，思春期の傷つきやすい生徒たちに寄り添った支援が望まれます。

●ケース１：うっかり忘れてしまう

　前項（72頁）でも述べている通り，可能な生徒にはノートを取る習慣をつけてもらえるような支援や，難しい生徒の場合にはICT機器などの活用をするなどの配慮が求められます。

　持ち物の周知は一度ではなく，学級通信や個別の連絡帳でも何度か同じことを伝え，前日にも確認するなどの配慮があると，うっかり忘れる割合も減るでしょう。

　また，家庭と連携して，教科ごとに必要な教科書などを，教科名と自分の名前をつけた蓋やファスナーつきのクリアケースなどにまとめて入れて事前に用意しておけば，支度の時間短縮にもつながります。

●ケース2：わざと忘れてくる

　様々な理由が考えられますが，自己肯定感が低くなっていて，活動に参加したくないという可能性が挙げられます。「できない，わからない，いつも注意される」とか「友達にからかわれる，バカにされる」というように，これまでもいわゆる失敗体験の積み重ねをしてきているケースです。

　そのほかには，感覚過敏やこだわり，トラウマなどが原因のこともあります。また，その教科担任との相性が合わなくて持ってこない場合も考えられるでしょう。

　そのような場合には，校内で関係ができている担任，養護教諭，スクールカウンセラーなどと話をしてもらい，本人の気持ちの受容・共感をし，可能な範囲で授業や活動に参加できるよう協力体制を組んで支援できるとよいでしょう。

●ケース3：家庭の協力を得ることが難しい

　学校や学級の決まりとして，持ち物の体育着を忘れると体育の授業には参加できないということなどは一般的な対応だと思います。例え原因が本人ではなく家庭環境などにある場合でも，例外を認めないのが一般的ではないでしょうか。

　特別支援学級などではよく行っていることですが，担任も同じ持ち物を余分に用意しておいたり，体育着などは，新年度の初めに保護者に頼んで置き着替え用を用意したり，サイズ別に貸し出し用として用意したりしています。このような個に合わせた支援も必要ではないでしょうか。

ここがポイント　忘れ物に関する指導をする際の留意点

● 忘れ物に関して注意したりしかったり，罰を与えたりせずに気持ちに寄り添う

● 忘れてくる原因が認知特性などにある場合には，忘れないための個別対応をする

● うっかりミス以外の原因がある場合には，そこに焦点を当てて解決につなげる

● 活動に必要な物を忘れたときはただ見学をさせるのではなく，活動する人たちのために必要な役割などを与えて，感謝される経験をさせる

● 自尊感情の低下や二次障害が見られる場合には，メンタルケアも必要

ベテラン先生からの　アドバイス

　新年度開始前に，支援対象となる生徒の実態把握をすることが大切です。支援シートが作成されていたり小学校からの申し送りなどがあったりすれば，それを熟知し必要な支援を考えておきましょう。その際，自分勝手に支援方法を考えるのではなく，校内委員会に上げて意見をもらったり周囲の専門家に適切なアドバイスを受けたりすることをお勧めします。

　不注意で忘れてくる生徒も今に始まったことではなく，小学校時代にもいろいろな失敗体験を積み重ねてきているはずです。少なくとも関係ができる前や生徒の見取りができる前に，責めたりしかったりすることは避けましょう。まずは，生徒たちの話を聞いてあげること，そして，できることや優れていることに注目して評価し，自己肯定感を高めてあげることで信頼関係を作りましょう。

（石坂 光敏）

Q 21 机の周りに学習用具などが散らばっている生徒への学習支援は，どのように行ったらよいでしょうか。

すぐに必要なものが見つからないので，活動にスムーズに参加できない？

机の横に物が落ちているとじゃまだし，ついしかっちゃう？

床に物が散らかっていると，全体の集中力が削がれる？

自分の持ち物が探せない。友達とトラブルにならない？

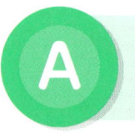

A 生徒自身が自分でできることを一緒に考え，寄り添いながら支援しましょう。

授業を受けるときにじゃまになるようなものが机上にあったり，足もとに転がっていたりすると，本人のみならず周囲の生徒も気になり，妨害刺激となってしまいます。小学校と違い，学級担任が毎時間確認するといったことも難しい状況ですから，個に合わせて効果的な支援ができるといいと思います。

そのためにも，まずは個々の生徒の認知特性を知り，信頼関係を構築しながら支援をしていってほしいです。同じ片付けをしない場合でも理由は様々です。考えられるケースを見ていきましょう。

●ケース1：作業に時間がかかり，一斉のペースに合わずに片付けられない

作業スピードが遅く全体のペースで活動することが難しいため，片付けまでいたらないという場合があります。そのような場合には，片付けるタイミングや効率のよい片付け方を提案して一緒に

やってみたり活動量や作業量を個別に見直したりするとよいでしょう。

●ケース2：注意の転導性や不注意が原因で，「忘れる」「時間がなくなる」などで片付けない

視覚的・聴覚的な妨害刺激が影響していることが少なくありません。その場合，活動に関係する様々なことを構造化すると，対象以外の生徒にもよい効果が期待されます。

まずは，教室環境の構造化です。教室内の掲示物や，すぐに必要のない教材・教具が見えるところに置いてあれば見えないようにし，床の落とし物をなくし，教室全体をきれいに保ちます。そして，すぐに関わる友達とはなるべく席を離すなど，ハード面の構造化を行います。体育の着替えであれば，例えば，初めは教科担任が，その後は係の生徒が，タイマーを使いカウントダウンするなど着替え方の構造化をし，習慣づけてあげるとよいかと思います。

●**ケース3：過集中で切り替えが難しい，こだわりからその場に放置しておきたい**

切り替えが難しくなることが予想される活動に関して，事前に見通しを持たせて約束したり，トークン（下記参照）で生徒の希望を叶えることを保障してあげたりします。また，こだわりでしないときには，みんなが迷惑したり授業の妨げになったりすることを伝え，解決のための選択肢をいくつか提示してみましょう。

強制的に活動を止めさせたり，勝手に片付けたりせずに，情緒の状態に合わせて本人の気持ちに寄り添って支援してほしいと思います。

●**ケース4：片付けをする気力もない**

学習性無力感などが出ていて，片付ける気力がなくなってしまっている場合には，本人にその旨を断って，一緒に片付けたり，代わりに片付けてあげたりすることも，時として必要になるでしょう。

このケースの場合には，片付けることだけでなく，様々な活動に関しても上手に参加できなかったり，参加すること自体が難しかったりすることが少なくありません。それ以前の原因を探り，自己肯定感を高められる活動への参加の仕方を一緒に考えるなどの支援をしてほしいと思います。

いずれのケースでも，暫定策として箱や買い物かごのようなものを用意し，とりあえず散らかっているものを何でもそこに入れ，後でどうするか考えるという方法もあります。

※トークン：「トークンエコノミー法」という子どもに対して行う一つの療法の中で，子どもがある望ましい行動をした際に与えるシール，スタンプ，コイン，ポイントなどの「ごほうび」のことを指す。

ここがポイント　情緒的に安定して気持ちよく参加できるための支援

- まずは，生徒たちとの信頼関係の構築を目指す
- 責めたりしかったり無理強いしたり，強制的に介入したりしない
- 客観的に見た現状や他者の気持ちを言語化して，理解できるように説明する
- できない理由を一緒に考え，状況に合わせた片付けのタイミング，具体的な片付け方などの選択肢を提示し，本人の気持ちに寄り添いながら解決方法を話し合う

ベテラン先生からの　**アドバイス**

中学生になっても片付けが難しい生徒の場合，何らかの発達の課題を抱えていて，これまでも様々なことで注意や叱責を受けてきて自尊感情が低下していたり，本人は片付けたいと思っていても上手くできなかったりすることが少なくありません。その場合は信頼関係を作りながら，背景にある特性を把握し，本人が無理なくできることを一緒に考えて支援をしていってほしいと思います。そのためにも，事前に生徒の認知特性・成育歴・家庭環境などがわかれば把握しておきましょう。

また，中学生の時点で上手く片付けができない課題のある生徒は，その先の人生でもその課題が様々な場面で影響する可能性があることを示唆し，どう対応していったら快適な人生になるかについてもいろいろと話し合える関係になるといいですね。

（石坂 光敏）

Q22 苦手な学習について，個別の教材をどのように作って，サポートしたらよいでしょうか。

自尊感情が低下し，二次障害が出たり不登校になったりしないか心配。

課題をすることを拒否し，授業に参加しない

みんなと同じように課題に集中することが難しい

自己肯定感を高めてあげるには，どうしたらいいかな？

A 苦手な要因を把握して，要因ごとに必要な対応をしましょう。

　思春期を迎えている生徒たちの場合，苦手意識を持っている学習があると，活動全般に無気力になっている場合が少なくありません。特に発達の偏りや知的な課題のある生徒の場合には，小学校から続いている失敗体験や叱責体験などによって，自己肯定感が著しく低下していたりします。

　また，苦手な教科がある理由の中に，教科担任との関係が原因である場合が少なくありません。教科担任制ゆえに，教科によっては担任と合わないとか担任が好きではないということで，教科自体にも苦手意識を持ってしまうようです。

　ですから，苦手な理由やできない理由を担任，養護教諭，特別支援コーディネーターなど，信頼関係ができているキーパーソンが包括的なアセスメントをして実態把握をすることから始めるとよいでしょう。

●発達の遅れや認知の偏りが考えられる場合

　発達検査などで学力レベルが明らかな場合に

は，それに合わせた内容の教材を作るとよいでしょう。目標設定をしたら，①問題の提示と解き方の解説（教示），②同じ問題の提示で解ける実感（リハーサル），③同じ解き方の違う問題の提示と解ける実感（強化），④③を何回かくり返した後，同様のステップで強化した問題を混ぜて提示し解ける実感（習熟と般化），間違えたら即時フィードバックをする，といったスモールステップで問題を作るとよいでしょう。

　内容は，必ずしも中学生の学習範囲である必要はありません。また，認知の偏りが顕著な場合には，その認知を高めるためのトレーニングとなるような取り組みやすい教材やプリントも用意してあげるとよいでしょう。

　例えば，空間認知に偏りがあれば，市販の図形の模写課題などを参考にしたり，ネット教材からヒントを得たりして作ってもよいでしょう。また，校内に特別支援学級や通級指導教室などが設置し

てある学校では，専門の教師からその生徒に適した教材を紹介してもらうのもよいでしょう。

●情緒不安から不適応を起こしていたり，教科担任と相性が合わなかったりする場合

情緒的に不安定な場合には，レベルに合った教材を用意してもやってくれないことがあるでしょう。通級による指導を受けていれば様々なアプローチが可能ですが，支援につながらない生徒の場合には，校内で支援体制を組んで，関わる指導者が共通理解をして支援に当たってほしいと思います。

無理に集団に参加させず，個別の取り出し指導の時間を作ることができればよいと思います。そ

の場合，学習に限らず様々な選択肢を提示し，本人の気持ちも確認しながら，負担なく容易にできることを考えてあげるとよいでしょう。

特に支援対象の生徒の場合には，信頼関係がベースにないと，同じ「支援」であっても「余計なお節介」になってしまうことがあります。加えていうと，「注意」「叱責」にいたっては，信頼関係どころか逆効果の敵対関係さえ生じてしまうことがあります。また，一度崩壊した関係の修復が困難な特性の生徒もいますし，みんなの前で注意を受けたりしかられたりすることで自尊感情も低下してしまいますので，生徒の気持ちに寄り添った対応が望まれます。

ここがポイント 　　**情緒的な安定を優先した苦手な学習の支援**

● 課題がある生徒を中心にした信頼関係作りを学級全体に広げ，「みんな違って，みんないい」を基本に，要支援の生徒だけを特別視しない

● しないことを責めたり，しかったり，無理強いしたりせずにできる選択肢を提示する

● できないことを生徒自身が援助要請できるスキルを学ばせる

● 得意なことに注目し，それを評価することで自己肯定感を高めていく

● 情緒的な課題がある場合には，療育的な支援となる様々な教材をストックしておく

ベテラン先生からの ▶ **アドバイス**

思春期を迎えた児童生徒の基本の対応は，本人の意見を尊重し，信頼関係を作ることです。親や指導者が何かを勝手に決めて押しつける方法では上手くいきません。まずは本人の気持ちに寄り添い，話し合うことから始めます。

これまでの失敗体験や叱責体験などの積み重ねで，無気力になっていたり大人を誰も信用しなくなっていたりする場合には，学習以前の支援が必要となります。理不尽な

要求をしてくることもあるかもしれませんが，生徒の自尊感情や心理的な抵抗感への配慮をしつつ，陰に潜んでいる課題を見つけてあげましょう。

特に中学生の場合には，支援方法を間違えると，取り返しのつかない結果につながることがあります。「もう中学生」ではなく「まだ中学生」，「心の発達段階にいる子ども」と考えて，十分な心のケアをしてあげてほしいと思います。

（石坂 光敏）

Q 23 障害により苦手になっている学習には，他の生徒と違う学習課題をさせてもよいでしょうか。

自分の目標がわかり，自信を持って学習に取り組むようにしたい…。

書き写しができないのかな？
そもそもやる気がないのかな？

「Aくん，この用紙に黒板と同じことが書いてあるよ」

これなら書き写せるな…

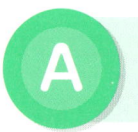

A 本人に合った内容や量を設定し，取り組み方を工夫して意欲を引き出しましょう。

　中教審初等中等教育分科会「特別支援教育の在り方に関する特別委員会報告」では，「障害のある子どもが十分に教育を受けられるための合理的配慮及びその基礎となる環境整備」…「合理的配慮」の観点「学習内容の変更・調整」において，「認知の特性，身体の動き等に応じて，具体の学習活動の内容や量，評価の方法等を工夫する。障害の状態，発達の段階，年齢等を考慮しつつ，卒業後の生活や進路を見据えた学習内容を考慮するとともに，学習過程において人間関係を広げることや自己選択・自己判断の機会を増やすこと等に留意する」と示しています。障害により苦手となっている生徒には，同じ教室で学ぶ他の生徒とまったく別の学習課題を設定するのではなく，その生徒の実態を踏まえた「具体の学習活動の内容や量，評価の方法などを工夫」して進めていきましょう。

●実態把握（得意なことも見つけていく）

　教師は，生徒がいつ・どこで・どんなときに・どのようなつまずきや困難に直面しているかをていねいに見取ることが大切です。教科担任制の中学校では，学級担任だけではなく他の教科担任と一緒に生徒の様子を把握していきます。通級指導教室に通っている場合は通級担当の教師と相互の授業を見学して情報共有していきましょう。

　外部の専門家の支援も受けて，具体的支援の材料を集めます。日ごろの行動の様子，友人関係などの授業以外の観察も指導の上で役に立ちます。その際，苦手な様子にばかり着目してしまうのではなく，得意なことは何かも見取っていきましょう。よさにも注目することがポイントです（書くのは苦手でも，話すのが得意なら，書き取りの量を減らすプリントの工夫などが生まれます）。

●把握のポイント例

・取り組む学習活動がわかっているか。

・聞く，話す，読む，書く，計算する，推論するといった能力に困難はないか。

- 注意が散漫で，集中力が続かないことはないか。
- こだわりが強く，思うとおりに進まないと固まってしまうことはないか。
- やりぬくための時間が多くかかっていないか。
- 対人関係がうまく築けているか。

　「個別の指導計画」を作って，本人や保護者，専門家，他の教師などと情報を共有していきます。

●個別の対応や工夫の例

- 視覚的な支援などによって，明確に学習内容や手順を示す。
- 板書の読み取りが苦手な生徒には，穴埋め式のワークシートや板書と同じプリントを手もとに用意し，取り組みやすくする。
- 興味のあるものの提示，プリント配布などの役割による活動の意図的変化や適時の称賛，刺激

の少ない教室環境の整備を進める。
- 個々の実態に応じた課題の量を最適化する。

●目標の個別化

　課題の量を焦点化することで，その時間に「わかった・できた」と思えるものを明確にしていきましょう。学習への取り組みが難しい生徒のつまずきやすさと発達障害のある生徒のつまずきは，共通する点が多いといわれています。通常学級では学級全体への支援として，すべての生徒のわかりやすさを視野に，生徒相互の良好な関係につながる学級作りを行うと共に，授業で教え合う仕組みを作っていくことも有効です。

参考文献　独立行政法人国立特別支援教育総合研究所 . 小・中学校等における発達障害のある子どもへの教科教育等の支援に関する研究（先進的な全国の実践例）.2010.3.

ここがポイント　苦手な学習への対応

- 苦手意識を生みだしてきた障害特性や背景の把握をする
- 自尊心に配慮しつつ，その生徒に応じた課題設定をする（得意なことから始める）
- すべての生徒に共通するつまずきに配慮した，全員がわかる授業の改善を進める
- 生徒が相互に教え合える学級集団（教え合うグループ学習やペア学習）作りを進める
- 校内委員会との連携や外部の専門家からの支援（教材作成など）で，組織的に対応する

ベテラン先生からの　アドバイス

　苦手には様々な要因が重なっています。なぜ苦手で学習に向えないのか，なぜつまずくのか，その生徒自身が一番知りたいのではないでしょうか。だれもが学習に参加しわかりたいと思っています。学習にどう取り組んでいいかわからないからこそ苦手意識を抱き，その状態が長く続く苦しさを感じています。できないからと安易に他の生徒と別の課題を

用意すると自尊心が傷つき，学びに向かう意欲がさらに減退するかもしれません。

　その生徒の「苦手」にはどんな経過があるのか，本人や保護者と話したり教師どうしで情報交換をしたりしましょう。また，専門家の力も借りてみましょう。学習内容を絞ったり資料を工夫したり学習グループを柔軟に組んだりすることで，確実に「わかった・できた」と感じられる場面を作ってみてください。

（東京都日野市立七生緑小学校校長　大和田 邦彦）

Q 24 授業中に他の生徒とグループで話し合うことが苦手な生徒には，どのように指導したらよいでしょうか。

場に応じた話ができない…。話し合いの時間がつらそう。

話し合いは苦手だな…

「わたしの考えは，こうだよ…」

「なるほど。そうだね。参考になるよ」

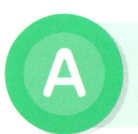

A 苦手の要因を把握して，話を伝える学習や本人に適した多様な表現方法を取り入れましょう。

●誰の考えも尊重される学習集団であること

他者と向き合うだけで極度に緊張して話し言葉が出なくなってしまう生徒や，過去に考えを伝えたところで間違いを指摘されて自信を失っている生徒がいます。話し合いは，自分の考えを話して他者の考えを聞き，一緒に課題を追究していく営みです。安心して自分の意思を表明できる雰囲気が醸成されていることは，誰にとっても参加しやすい環境です。一人ひとりの多様な考えが尊重され，違う考えであっても聞き取って，考えを深めたり広めたりできる楽しい話し合い活動が保障されているか見直してみましょう。また，話し合いの目的や「対話」をする上での約束について，事前に指導しておきましょう。

●話し合いのルールやマナーから指導する

・他者の意図を理解したり相手に正しく伝えたりするのが難しい生徒
・他者の視点に立って考えるのが苦手な生徒

・言葉の意味を十分に理解していないことで，誤解を基に話してしまう生徒

こうした生徒がグループに入って上手く参加できない場合には，話し合いのルールやマナーから指導していきます。教師との個別のやり取りから始めて，小さなグループでの話し合いに発展させていきます。小グループでの話し合いのときには，教師が机間巡視をしながら支援をしていきます。

その際，話し合いのルールを記入した資料や「私の考えは（　　　　）です」といった「話し方の補助資料」が手もとで見られるといいですね。話し方については，授業だけでなく日常生活の場面でも練習できる機会を設けておくと効果的です。

●話し言葉以外の多様な表現方法も取り入る

コミュニケーションは，伝える側と受け取る側との人間関係によって支えられています。話し言葉以外の表現方法で伝えても，受け取る側が多様な方法を受けとめられれば「対話」を深められます。

Q&A ／ 授業 ／ 学習支援

話が苦手な場合, メモ帳やタブレット端末も活用しましょう。理解の段階によっては複数の選択肢を記入した資料を準備して, 指さしでの参加も可能にします。柔軟な発想で, 多様な表現方法による「対話」が可能になれば, 学びが深まります。

●原因が一つではないと考えてみる

話し合いの参加に困難が生じている場合は, 様々な要因が重なり合っているものです。実態把握をしっかりと行い, その生徒に合った手立てを試みていくことになります。

その指導には, 『特別支援学校教育要領・学習指導要領解説　自立活動編(幼稚部・小学部・中学部)』(文部科学省, 2018)を参考にしてください。特に「第6章　自立活動の内容　6 コミュニケーション」には, 障害特性や具体的な手立てについての解説が載っています。

そこには「1 健康の保持」や「2 心理的な安定」,「3 人間関係の形成」「4 環境の把握」の項目と関連づけていくことが有効であると示されています。どのような実態にあり, どのような視点からのアプローチが有効かを考えるきっかけをつかむことができます。しかし, 指導の型はありませんから, 生徒の実態を把握し, 要因(複数の原因)に思いを寄せ, 手立てを考えていきましょう。

生徒によっては通級指導で自立活動(コミュニケーションなど)の学習を進める場合もあるでしょう。そこでの学びが通常学級でも使えるように, 指導者どうしがそれぞれの学級での様子を参観して交換情報を共有し, 具体的指導を重ね合える協力関係を作っていきましょう。

ここがポイント　グループでの話し合いが苦手な生徒の指導

● 話し合い活動の指導(目的の明確化やお互いの考えを尊重する指導)をしておく

● 話し合いが苦手になっている要因を把握する(専門家のアセスメントを活用)

● 特性に合わせた工夫を, 他の教師とも協力しながら進める(個別指導計画の策定・共有)

● 話し言葉以外の多様なコミュニケーション手段による参加も保証する

● 適度な机間巡視(表現方法や意思表示の手立てについての指導・助言)をする

ベテラン先生からの アドバイス

コミュニケーションに困難を抱えている生徒は, 学校生活全般において理解してもらえない苦しさや対人トラブルを抱えて自信を失っていることが多いです。考えを表現することに安心感を抱ける配慮を用意していきましょう。教師によって配慮事項が違うと, ストレスを感じることがあります。教科担任制の中学校では教師ごとに別々の対応をするのではな

く, 有効な配慮は共有していきましょう。

例えば, 筆記による話し合いへの参加ができる場合には, 話し言葉による参加にこだわらず, メモに書いた意思表示がどの授業でも認められるといった柔軟な対応で参加を保証していきましょう。具体的には, 専門家のアセスメントや助言を活用して配慮事項を整理したり, 互いに授業を公開して情報交換をしたりしながら工夫を進めましょう。

(大和田 邦彦)

Q25 障害のある生徒の学習評価を行う際には，どのような配慮が必要でしょうか。

障害のある生徒の学習評価は，他の生徒と同じでいいのかな？

授業は，いつも生き生きと参加しているのに…

ペーパーテストはとても苦手…

片づけも苦手のようだな…

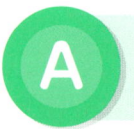
A 一人ひとりの障害の状態等を十分に把握した上で，それらに応じた指導と評価が大切です。

●障害のある児童生徒に係わる学習評価の基本的な考え方

2019年1月21日に中教審の教育課程部会において，「児童生徒の学習評価の在り方について（報告）」が取りまとめられました。

その中で，障害のある児童生徒など特別な配慮を必要とする児童生徒に係る学習評価について，「児童生徒一人一人の学習状況を適切に把握することは，新学習指導要領で目指す資質・能力を育成する観点からも重要であり，障害のある児童生徒，日本語指導を必要とする児童生徒や不登校の児童生徒，特別な配慮を必要とする児童生徒に対する指導についても，個々の児童生徒の状況に応じた評価方法の工夫改善を通じて，各教科等の目標や内容に応じた学習状況を適切に把握し，指導や学習の改善に生かしていくことを基本に，それぞれの実態に応じた対応が求められる」と示されています。

●学習評価の意義

生徒の学習評価は，障害の有無にかかわらず，すべての学校で日々行われています。何のために学習評価が行われるのか，その意義を整理してみると，学校の立場からは，「生徒の学習状況を検証し，結果の面から教育水準の維持向上を保障する」ことや「学習評価を通じて，学習指導の在り方を見直すことや個に応じた指導の充実を図ること，学校における教育活動を組織として改善する（指導と評価の一体化）」ことなどが期待できます。

また，生徒にとっても「自らの学習状況に気づき，その後の学習や発達・成長が促される契機になる」ことなどが期待できます。「指導」と「評価」は表裏一体です。障害のある生徒に適切な評価を行うためには，一人ひとりの十分な学びを確保し，それぞれの生徒の障害の状態や発達の段階に応じた指導を充実させることが大切です。

●障害のある生徒の学習評価の実際

例えば，発達障害の生徒は，潜在する能力とその能力が適切に発揮できない現実とのギャップに悩み，内面での葛藤が大きくなることも考えられます。そのことに対して正しい理解と適切な支援が得られない場合，自己肯定感・自己評価の低下を招くおそれもあります。

そこで，発達障害等により読むことや書くことに困難を有する生徒に対しては，プリント教材の漢字にふりがなをつけたり，試験の問題用紙の記入枠を大きくしたりするなどの配慮を行うこと，また，弱視や難聴，肢体不自由，病弱・身体虚弱などの生徒に対しては，実験・実習等の際に適切な役割分担をしたり，学習内容に応じて障害の状態等に配慮した工夫を行ったりすることが考えられます。

評価を行う前提として，これらの配慮を行い，障害のある生徒の授業への参加を容易にし，本来有している能力を発揮できる可能性を高めていくことが必要不可欠です。このように，個々の生徒の障害の状態等に応じた指導の工夫を行った上で，生徒の障害の状態等を十分に理解することが大切です。そして，行動の観察やノートなどの提出物の確認など様々な方法を活用して，一人ひとりの学習状況を一層ていねいに把握し，評価に生かす工夫を行ってみましょう。

ここがポイント　障害のある生徒の学習評価を行う際に

● 一人ひとりの障害の状態や発達の段階，特性などを的確に把握する

● 障害の状態等に即した適切な配慮を行うと共に，生徒が持つ潜在的な能力を引き出す指導や工夫を行う

● 評価の際には，様々な方法を用いて評価する。その際，障害のある生徒の学び方には違いがあることに留意する

● 「個別の指導計画」を作成して指導を行っている場合には，それに基づいて「目標がどのように遂行できたのか」個人内評価も取り入れてみる

ベテラン先生からの　アドバイス

障害のある生徒に対する学習評価を適切に行っていくためには，特別支援教育コーディネーターなどを中心に，学校全体の支援体制のもとで，特別な教育的ニーズのある生徒の共通理解や指導内容・方法の明確化，個別の指導計画の活用などを図っていくことが大切です。学級担任や教科担任などが個別に評価するだけでなく，その生徒の指導に関わっている教員間で共通理解を図りながら進めるようにしてみましょう。

また，個別の指導計画を作成する際には，保護者の理解や協力が得られるよう配慮して作成することはいうまでもありませんが，学習評価についてもそれは同じです。保護者との個別面談などの機会を通じて評価について十分に説明を行うなど，家庭と連携した指導や支援が充実したものになるように，様々な方法で工夫してみることが大切です。

（元東京都公立中学校校長）

Q 26 障害のある生徒の学習意欲を高めるためには，どう励ましたりほめたりしたらよいでしょうか。

Aさんは，どうしたら学習に興味を示すかな…。

Aさんは，本を読むのが苦手なのかな?

そういえば，Aさんは犬が大好きだったな…

動物の本なら楽しそうに見ているな…

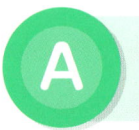

A 好きなこと，得意なことからがんばらせてみましょう。小さな目標を決め，その目標に取り組む過程も認め，できたことは思いきりほめましょう。

● 興味・関心の高いものを見つけて取り組む

　障害の程度にもよりますが，できないこと苦手なことが多いと，学習意欲の向上にはなかなかつながりません。教師はその生徒がどうしたらできるようになるのか，常に工夫することが大切です。

　文章を読んだり書いたりすることが苦手でも，例えば，動物が好きで家庭で猫や犬などペットを飼っているような生徒は，動物に関する文章は取りかかりやすく読みやすいものです。障害のある生徒の場合，苦手なことに取り組ませることは，通常の生徒よりもハードルが高いので，まずは興味・関心の高い好きなものを見つけ，そこから広げていくとがんばりが継続します。そして，その努力の過程を認め，励ますことで次のステップに進みやすくなります。

　マンガが好きな生徒が，歴史マンガをきっかけに本に親しみ，文章を読んだり書いたりする力につながったことがあります。これは，教師が本を与えるタイミングや種類，紹介の仕方の工夫が奏功した例です。

● 授業はスモールステップで進め，ほめて終わる

　授業では，導入時に学習内容を告知することが大切です。見通しがないと不安になり，気持ちが落ち着かなくなりやすいからです。

　展開は，小さな目標，いわゆるスモールステップで行います。学習の積み重ねや般化が難しい生徒ほど，小さな目標のほうが安心し，できる自信につながりやすいと思います。

　指示や説明は，できるだけ短い言葉でわかりやすく順を追って話します。特に，ワーキングメモリが小さい生徒は，最後の指示や説明しか頭に入らない場合があるので，口頭時は2回くり返すと聞きもらしが少なくなります。時間はかかりますが，大切な内容は口頭だけなく書いて示すと効果的です。

　視覚に訴えることは有効ですが，障害によって

は配慮も必要です。特に聴覚や触覚などの感覚が過敏な生徒もおり，必要以上に大きな声や，むやみな接触は避けましょう。刺激に弱い生徒の場合は，パーテーションを使って環境を整えたり，座席の位置を工夫したりすることも必要です。

また，授業中，生徒へのアセスメントをどこまでできるかが重要です。上手に行えれば，障害を抱えた生徒の困難さや苦手な部分が表出します

ので，対応策が考えやすくなります。

授業の終わりには，ふり返りを必ず行います。個別のふり返りと全体のふり返りを行い，学習の成果を把握します。このときにほめて終わることが大切です。成果が得られなかった場合でも，努力の過程を評価し励まして終わりましょう。教師と生徒が互いに笑顔で終わる授業が最高です。

ここがポイント　学習意欲を高めるために

● 好きなこと，得意なことからがんばらせてみる

● できそうなことを見いだす努力と工夫が大切

● 導入時に学習内容を告知し，見通しを持たせる

● 展開は小さな目標，いわゆるスモールステップで行う

● 指示や説明は，できるだけ短い言葉でわかりやすく2回くり返す

● できたことをほめて終わる。できなくても，努力の過程を評価し，励まして終わる

ベテラン先生からの　アドバイス

クラスの中に障害のある生徒がいる場合，担任の教師の人権感覚はとても重要です。教師である前に一人の人間であること，同じ人間であるという視点に立ちましょう。障害への配慮は必要で，本当にできないことはさせられませんが，できそうなことを見いだす努力と工夫が求められます。最初からできないと決めつけてしまうと，学習意欲は高まりません。

担任の姿勢は，周囲の生徒にも伝わります。障害のある生徒の学習意欲が高い学級は，他の生徒の学習意欲も高い学級です。

できなかった生徒ができる生徒に引っ張られ，結果的にできるようになる理想の学級です。

また，担任として，障害のある生徒の小さな変化に気づくことができるかどうかも重要なポイントです。生徒は日々成長しています。障害のある生徒の変化に気づき，たとえ僅かであってもその成長を認め，ほめてあげることが大切です。

自己有用感を持てるようになると，学習意欲は高まりやすくなり将来の自立にもつながっていくと思います。

（東京都瑞穂町立瑞穂中学校校長　池谷 芳彦）

Q27 発達障害のある生徒のために，学習支援員が一人ついていますが，どのような連携・協力が必要でしょうか。

授業をしっかり受けることができるか…。

「授業を開始する」

授業者が全体指導する。Aくんは不安な様子だな…

学習支援員が個別支援する

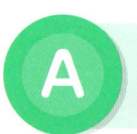

A 発達障害を理解し，障害によっての支援を考え，学習支援員と連携・協力しましょう。

●学習上の困難を改善・克服するための配慮

　その障害によって，学習場面において様々なつまずきや困難が生じることから，障害による学習上の困難を主体的に改善・克服するために必要な知識，技能，態度，習慣を養うことへの配慮を行うことが大切です。

●発達障害を理解する

　発達障害者支援法において，「発達障害」は「自閉症，アスペルガー症候群その他の広汎性発達障害，学習障害，注意欠陥多動性障害，その他これに類する脳機能障害であってその症状が通常低年齢において発現するもの」(発達障害者支援法における定義　第二条より)と定義されています。

◆LD（学習障害）

　全般的な知的発達に遅れはないものの，聞く，話す，読む，書く，計算する，または推論する能力のうち特定のものの習得と使用に著しい困難を示す様々な状態を指します。

◆ADHD（注意欠陥多動性障害）

　年齢あるいは発達に不釣り合いな注意力，衝動性，多動性を特徴とする行動の障害で，社会的な活動や学業などに支障をきたすものです。

◆自閉症

　①他人との社会的関係の形成の困難さ，②言葉の発達の遅れ，③興味や関心が狭く特定のものへのこだわりを主な特徴とします。このうち，知的発達の遅れを伴わないものを高機能自閉症といい，知的発達の遅れを伴わず，かつ自閉症の特徴のうち言葉の発達の遅れを伴わないものをアスペルガー症候群といいます。

●各障害への支援例

◆LD（学習障害）

①文章を読むのが苦手である。

　→文章を1行ずつゆっくりと指でなぞりながら，読む癖をつけていくよう促す。

②計算（数字）が苦手である。

→たくさんの問題を解かせるよりも，少ない問題をゆっくりていねいに解くようにさせる。

③話す（自分の考えを言葉にする）ことが苦手である。

→生徒が話をはじめたら，話を遮ることなく耳を傾け，フォローを入れていく。

◆ADHD（注意欠陥多動性障害）

①自分に自信が持てずに，いろいろな方面で支障をきたす。

→何よりもほめることが大切。こまめにほめてあげる。

②注意を適切に配分できない。

→説明を聞くときなのかノートをとるときなのかを，具体的に指示をする。

◆自閉症

①コミュニケーションが苦手である。

→言葉以外に，指さしや身ぶりなど視覚効果のある情報を一緒に用いると効果的である。

②曖昧な表現の理解が苦手である。

→曖昧な表現は避け，「AとBのどちらがいい?」というように具体的に伝える。

●学習支援員との連携

教科担任は障害ごとの支援例を踏まえて，学習支援員にまかせるのではなく、どのように授業を進め、どの場面でどのような学習支援が必要か，時間を見つけて授業の前に打ち合わせておくことが最も重要です。また，具体的に支援方法を伝えるだけでなく，その目的について学習支援員と共有しておくことも大切です。

ここがポイント　情報を共有し，学校体制で障害のある生徒を支援する

● 全教職員が，発達障害を理解する。また，各障害の特性と支援内容を理解する

● 特別支援コーディネーターは，保護者との面談等により障害のある生徒の「個別の支援計画」を作成し，個別の支援計画は全教職員で情報を共有する

● 学習支援員にも校内研修会等に同席してもらい，障害のある生徒の情報を共有する

● 特別支援教育コーディネーターと学習支援員との打ち合わせ時間を確保し，個別の支援計画・支援内容を確認する

● 教科担任は，どの場面でどのような学習支援が必要か，授業の前に学習支援員と授業の進め方を確認する。また，学習支援の目的についても共通理解を図る

ベテラン先生からの アドバイス

現在，中学校の通常学級には，約4.0％の割合で発達障害の可能性がある特別な教育的支援を必要とする生徒が在籍しています（2012年文部科学省調査）。このような生徒に対しては，担任一人で対応するのではなく，全教職員が情報を共有し，学校体制で支援していくことが不可欠です。

特別支援教育コーディネーターが扇の要となり，担任や学習支援員との情報交換及び連絡・調整を行い，そして，特別支援教育コーディネーターは学習支援員に具体的な支援内容や方法を指示し，該当生徒を支援していくことが大切です。

 **Q28** 障害のある生徒への個別支援に，自立活動をどのように取り入れていけばよいでしょうか。

将来の自立した生活を送るために必要なことは何かな?

自立活動で必要な項目は結構多いな…

まず，Aくんの「今の姿」を見極める必要があるな…

Aくんには，どのような指導と支援が必要かな…

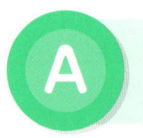 **A** 自立や社会参加に必要な力を培うため，一人ひとりの教育的ニーズを把握し，個別の指導計画や支援計画を作成して自立活動の取り組み内容を決めましょう。

●生徒をよく知ること

生徒を知るための観点となるのが，「自立活動の内容項目」といえます。具体的には，生徒の様子を自立活動の内容項目である6区分 27 項目に照らして自立状況を見立て，その上で自立活動の内容項目に照らして指導内容を定めます。

そもそも，自立活動において目標とされる「生徒一人ひとりが将来にわたって自立し社会参加していく力」は，今確かな生活を送ることで積み上がり到達するものと考えます。ですから，今の生徒の姿から，学校生活における不確かさや適応上の困難とか不満足とか，目標を見いだせないことによる不全感などが見られる場合は，それらが具体的に教育的な課題になります。

もちろん，学校生活をよりよくしたいという前向きな願いについても，教育的ニーズとして見いだされるものでしょう。私たち教師が生徒の教育的ニーズとして見いだすもののほとんどは，自立活動の6区分 27 項目の内容として解釈できるはずです。なぜなら，この内容は一人ひとりの教育的ニーズを取りこぼさないように考えられているからです。

●自立活動の指導目標や指導内容を将来の姿を想定して適切に設定する

個別の目標は，その生徒がその力を発揮する場面を具体的に想定して設定することが求められます。例えば，集団参加ができることを想定したときに，その取り組みの中心が個別指導では集団参加への能力向上に結びつくとは考えにくいでしょう。個別の場面でバーチャルな指導をするよりも，実生活の中に参加しがいのある集団の活動を創ることが教育的な手法です。

力を発揮できる想定なしでトレーニングすることは，目的不在であり適切ではありません。例えば，バスケットボールでリバウンドをとってチームに貢献するために，相手をブロックするボックスア

ウトの練習をします。ゲームという文脈なしでスキル指導や補強トレーニングはありません。

このことが示すように，個別指導はあくまで準備や段階です。その生徒が集団への参加の意味がわかり，そこでの活動における役割を適切に担い，参加したことにより成果が得られるように支えることを目指します。そこでは，今持てる力を十分に発揮し，集団で活動することを目指し実現できてこそ，その力は高まります。

自立活動は，教師の裁量そのものが大きいものです。そのため教師は「何をすべきか?」と悩みを持ちます。しかし，それは生徒に尋ねましょう。「何をするか」は生徒の教育的ニーズに対応する

ためのものであって，教師をまどわすためのものではありません。とにかく，生徒の今の姿に目を凝らすことです。そして，今あるニーズに応えることに努めていきましょう。

そもそも将来に資するべく中学校の教育課程が設計されているのですから，その中で教育する限り，今のことを一生懸命にやれば将来につながるということは明らかです。未確定な将来を想定するあまり生じる不安を思い描き，それに振り回されて，今の指導目標や指導内容を定められないという落とし穴が私たちの目の前にあります。それを回避するためにも，今の生徒の姿に目を向けることです。

ここがポイント　自立活動を取り入れるために

- ●生徒をよく知ること
- ●一人ひとりの実態に応じて，「個別の指導計画」や「個別の支援計画」を立てる
- ●将来の姿を想定して，自立活動の指導目標や指導内容を適切に設定する
- ●授業だけではなく，学校の教育活動全体を通して適切に実施する

ベテラン先生からの　アドバイス

生徒一人ひとりがそれぞれに「将来自立した生活を送り社会参加していくときに必要なことは何なのか?」を考えると，迷うことばかりです。しかし，その問いかけをくり返しながら授業の組み立てを工夫し，学校生活全般にわたり必要なことを取り上げていくことで見えてくるものがあります。

また，生徒にはそれぞれに思いや願いがありますから，本人との話し合いで「どうしたい?」「何が必要?」と確認することも大切なポイントになります。本人が納得し決断して

取り組むことで，自立活動が生き生きと輝いてきます。指導者として悩むとき，生徒と向き合うことで力が湧いてきて，悩みが薄まることはよく経験することです。

今の時代は予測困難であり，大きく変換の時を迎えています。しかし，これまでもそうであったように，障害のあるなしにかかわらず「何をどのように学んできたか?」が最も大切なことだと思います。すべての生徒がその人らしく幸せな人生を送ることができるように，「自立活動」を通して必要なことを学んでいけることを願っています。

(岩手県花巻市立石鳥谷中学校　滝田 充子)

Q29 発達障害の生徒の二次障害をどのように見極め，対応していけばよいでしょうか。

最近，何となく元気がなく，友達との関わりも少ないようで心配だ。

Aさん，最近，元気がないな…

友達ともあまり話をしていないようだな…

教室に一人でいることが多くなったし…

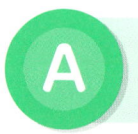
A 生徒の様子に関して，日ごろの行動観察と関わり方のふり返りが大切です。

●二次障害とは

　発達障害等のある生徒は，本来の特性により引き起こされる様々なつまずきや失敗経験の積み重なり，さらに教師や友達からの不適切な対応のくり返しにより，精神的ストレスや不安感が高まり，自信や意欲の喪失，自己評価や自尊感情の低下などからさらなる適応困難の状態になる場合があります。例えば，不登校やひきこもり，あるいは反抗的な態度や反社会的行動等の症状につながることなど，二次障害として不適応状態を悪化させている場合です。

●早期の気づきと予防的対応が重要になる

　二次障害は，早めに適切な対応がなされれば比較的短時間で改善していく場合も多いことから，症状への早期の気づきと予防的対応が重要になります。発達障害等の特別な支援が必要な生徒は，学校生活において様々な場面で不全感を感じることが多いと思われます。生徒のちょっ

としたつまずきに対する反応をできるだけ複数の教師の目で共有化しておくことが大切です。苦手なことに対する支援を工夫すると供に，好きなことや得意なことを認められる機会を作り，自己肯定感が高まる対応に心がけることも二次障害の予防につながります。生徒が抱えている悩みや課題について相談しやすい人や場を校内に確保し，担任以外でも多くの教職員がいつでも相談にのることができる体制整備も重要です。

●個人と環境に関する両面の課題が影響する

　不適応の背景には，個人が抱える課題と環境に関する課題の両面が影響します。個人が抱える課題は，例えば，言語理解・表現力の弱さ，不注意・集中困難，学習能力のアンバランスや興味・関心の偏り，対人関係の困難さなどが考えられます。一方，環境に関する課題は，個別的な配慮の不足，無理強いや注意・叱責のくり返し，いじめやからかい，落ち着きのない学級，わかりにくい授業な

ど安心して学習・生活することが難しい環境です。

これらの課題解決のためには個人への対応だけでなく，学級全体への支援も含めて考える必要があります。特定の生徒への対応に時間も労力も費やすことで，他の生徒への対応が疎かになると，学級全体が落ち着かなくなります。生徒一人ひとりが授業の内容を理解できること，学習活動で達成感や成就感が得られること，支え合い認め合う人間関係があること，自分の役割が果たせていることなどの視点から学級全体の支援を考えることが大切です。

●**組織的，計画的なチーム支援の体制作り**

中学校は教科担任制であるため，教科ごとに授業を担当する教師が代わり，教師と生徒が一対一で関わることができる時間は限られてきます。発達障害等のある生徒への支援は，学級担任を中心に各教科担任が話し合いながら，学年体制で支援を考えていくチームワークもポイントとなります。

発達障害等のある生徒は，小学校のときからすでに様々な失敗経験や困難さを経験しています。小学校において，適切な指導と必要な支援が行われないまま中学校に進学した場合は，意欲や自信を失い，自己評価も低くなっています。教科により，あるいは場面により状態像は異なる場合もあり，生徒の課題や具体的な対応について，教職員の共通理解のもと組織的，計画的なチーム支援の体制作りが重要です。

ここがポイント	**発達障害のある生徒の二次障害を見極め，対応するために**

● 早期発見，早期対応により改善する場合も多い

● 日ごろの行動観察から，当該生徒の得意・苦手を把握しておく

● 複数の目で行動観察を行い，情報を共有化する

● 教師と生徒，生徒どうしの関わり方についてふり返り，必要な見直しを行う

● 個人への対応だけでなく，学級全体への支援も含めて考える

ベテラン先生からの アドバイス

学校生活において，生徒がストレスを感じやすい状況は，大きく分けて学習活動と対人関係に関するものが考えられます。学習活動に関するものには，学習内容の習得に関する不全感や失敗経験，発表や行事等の緊張感，不安感などからくるストレスが考えられます。一方，対人関係に関するものには友達や教師との関係，部活動等での先輩や後輩との関係などもストレスの要因となります。

適度な緊張感は活動の糧となり，実力が発揮でき，達成感や満足感をもたらすよいストレスになります。反対に，緊張感や不安感が強すぎると実力が発揮できず，不全感を伴う悪いストレスとなります。自分の努力により改善や解決の見通しが持てる場合にはよいストレスとなりますが，自分の努力だけでは状況の改善につながらず上手く対応できない場合には，慢性的な悪いストレスとなってしまうことにも考慮が必要です。

（独立行政法人国立特別支援教育総合研究所発達障害教育推進センター上席総括研究員（兼）センター長 笹森 洋樹）

 **Q 30** 教室環境や学習環境として，基本的なユニバーサルデザインをどのように配慮していけばよいでしょうか。

環境や授業のユニバーサルデザインって，どういうことだろう。

黒板の周りは掲示物を少なくしたほうがいいのかな？

発表時のルールも明確にしたほうがよさそうだ…

座席の配置や班構成もルール作りが必要かな？

 **A** すべての生徒にとって，学びやすく，安心して生活できる環境作りを進めることです。

●ユニバーサルデザインとは

ユニバーサルデザイン(UD)とは，文化・言語・国籍や年齢・性別などの違い，障害の有無や能力差などを問わず，すべての人が誰でも利用できることを目指したデザインのことです。バリアフリーが，障害者や高齢者など特定の困難さを抱えている人が利用できるように配慮するのに対し，ユニバーサルデザインはすべての人が対象とされていることに違いがあります。

多くの学校でも，障害の有無にかかわらず，すべての生徒がわかること・できることをめざした授業のユニバーサルデザイン化の考え方が取り入れられるようになってきています。教室環境や学習環境のユニバーサルデザインとは，すべての生徒にとって学びやすく，安心して生活できる環境作りを進めることです。そのためにも，その基盤として授業に集中できる環境作りが大切です。

●わかる授業作りから

生徒の学校の生活時間のほとんどは授業の時間です。授業の内容が理解できるかどうかは，生徒の学校生活での適応状態を大きく左右することになります。生徒にとって授業がわかりにくく，達成感や成就感が得られにくい学習環境は，その不全感から欲求不満や悪いストレスの温床となります。学級の雰囲気は親和的，許容的，安定的な支持的雰囲気にはなりにくく，拒否的，攻撃的，対立的，防衛的な雰囲気につながっていきやすくなります。

学級により，生徒の実態や学級の雰囲気は異なります。生徒が違えばまた学び方も変わり，指導方法も本来は変わることが求められます。わかる授業作りは，生徒の実態や学びの状況を把握しながら，創意工夫することが望まれます。

●生徒の実態に合わせた授業作りと学級経営

わかりやすい授業作りは，教室環境や学習環境の整備も含め，生徒の学びの状況に応じて工夫する必要があります。掲示物が精選されて整然と整理された教室は，余分な刺激が多く煩雑な教室よりも集中しやすい環境になります。生徒が興味のある教材・教具の活用は，学習意欲につながります。注目させてから簡潔に指示することは活動をスムーズにし，見やすい板書やノートテイクの時間確保は読み書きへの支援にもなります。

生徒の実態に合わせたこうした取り組みは，教師と生徒の信頼関係を生み，安心できる学級作りにつながります。

●生徒の思いやニーズを大切にする

一斉指導，集団学習において，集団が同じ方向を向いて学習を進めていくためには，話の聞き方，発言の仕方などの学習の共通ルールを設けることは大切であり，授業秩序の保持という視点からも学習規律の意識づけは大切です。しかし，そこには教師からの一方的な押しつけではなく，教師と生徒，生徒どうしの合意形成が必要になります。

できるだけ生徒の思いやニーズを反映するように，生徒の意見も重要視します。生徒どうしが相互扶助的に，自主的に秩序を保つ集団に発展することを意図した集団作り，学級作りとして取り組むことが大切になります。

ここがポイント　教室環境や学習環境のユニバーサルデザイン

- 学級全体の学び方の特性（聞く力，話す力，読む力，書く力，計算する力など）を把握する。その際，学び合いや支え合いの状況などの学級の雰囲気をつかむことも大切である

- 上手く学べていない生徒の特性は，苦手な面だけでなく得意な面にも注目する。他の生徒と同じことを期待すると難しい面に，特に注視する

- 生徒の意見も大切にする。教師と生徒，生徒どうしの合意形成が必要になる

ベテラン先生からの ▶ アドバイス

学習環境の整備や授業作りは，研修や文献などで自己研鑽を積むことも大切ですが，学校現場における試行錯誤から学ぶことのほうがはるかに多いと思います。自分の授業や学習環境作りの特徴について客観的にふり返ることが，授業改善や環境改善の第一歩ともなります。生徒の学び方の特徴を把握しないまま，いつも同じ授業をしていないかふり返ることが大切です。

教室環境や学習環境作りのユニバーサルデザインとは，すべての生徒にとって学びやすく，安心して生活できる環境を作ることです。教師の指導のしやすさではなく，生徒が意欲的に，積極的に学習活動に参加し，学習内容が理解できる環境です。教師の授業スタイルと生徒の学習スタイルが合わなければ，効果的に学ぶことはできません。生徒の学び方の特性に応じたわかりやすさの追求が指導力の幅も拡げていきます。

（笹森 洋樹）

グループや班の活動に，障害のある生徒をどのように関わらせていけばよいでしょうか。

Aさんは，班活動に入れないで戸惑っているようだ…。

グループ活動になかなか参加できない…

困ったな。どうしたらいいんだろうか?

どう支援したらいいのかな?

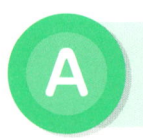

できることを踏まえて，少し努力すれば挑戦可能な発問で，生徒の主体性と協働性を発揮させましょう。発問を整理整頓することが第一歩です。

●教師の重要な役割は進行役

いわゆるアクティブ・ラーニングや対話的な学びが広く求められる中で，各学校や各教科ではすでに様々な授業改善が進んでいます。インクルーシブ教育の視点から，障害の有無にかかわらず誰もが学びやすい学習活動とその必然性が問われています。しかし，これまで一斉指導でしか授業をした経験のない教師ばかりの学校や協働的な研修などが進まない学校では，若い教師ややる気のある教師がモヤモヤしたまま立ちすくんでいる状況にあります。

特にグループや班での活動では，障害に起因する理由で学習に参加しない，できない状況を生み出してはいないかと自ら批判的に授業を見直してみることが不可欠です。教師もファシリテーターとしての役割が重視されます。

一例をあげれば，「では，何でもいいので，気がついたことを話し合ってみましょう」などと学習者不在の一方的な発問は，教室にいるすべての生徒にとって迷惑な質問に違いありません。発問である以上「○○について，自分の知っていることや経験したことを二つ発表します」「まず資料を一人で読んで，次に自分が調べてみたい内容に線を引いて，最後になぜ調べてみたいのかを班の人に伝えましょう」「話始めるときには，班長さんに指名されてから，一人1分程度で話します」「各班の全員が必ず1回は発表する」「ベルが鳴ったら話始め，またベルが鳴ったら話をやめる」「グループ内のすべての人と意見を交流できるように三人のグループで話し合います」など，なるべく具体的に指示することが重要です。

そして，それらはなるべく既習事項を生かして，生徒の学習や参加を保証する意味からも一定であるべきです。ルールや方法が勝手に変わったり途中で中止させられたりするのは，どの学習者にとっても意欲や主体性を削がれる最大の要因です。

●授業の始めに，学習課題を整理して伝える

「Aさんは『見通しや手順を理解し，突然の変更などを少なくすることで，離席が減り学習に集中できる』，だから自分の学級では，すべての授業ではじめの30秒で50分の授業の流れを示してから，導入に入ってほしい」ということを万が一にも拒否することがあれば，それは教師としての専門性や指導力を放棄するのに等しいことです。

まして，こうした授業改善はすべての生徒に恩恵を与えるだけでなく，授業者にも少なからずメリットがあります。グループや班の活動においても，授業者としていうべきことを整理・峻別してきちんと伝えることが重要です。その上で，個別の指導の視点を生かして，当該生徒のコミュニケーションスキルを補ったり，教室にいる指導補助者等に何を支援させたりするかなど，個別具体な支援を考えていくことです。せっかく個別のワークシートを作ったのに上手く活用できない場合は，それ以前に学習課題や発問が十分に伝わるように示されているかを考えてみる必要があります。

前提がきちんとしていれば，小学校や通級指導教室との連携や，指導主事や特別支援学校等の専門的な立場の助言などを生かして，当該生徒それぞれの障害者理解とその克服に向けた指導をより一層展開しやすくなるのはいうまでもありません。そして，課題対応の場面では，難易による課題選択や解決手法にも複線的な学習過程を準備するなどで，よりよく課題解決に導くことも重要です。

ここがポイント　グループや班の活動

● ノーマライゼーションの視点は，授業改善に必要不可欠であることを理解する

● 話し合うことや議論する活動が，単元等の中で必然性を持つように授業を計画する

● 特別なテクニックに走る前に，授業の基本が確立されているか確認してできる改善から始め，成果のあった効果的な視点や改善点は必ず学校全体で共有し，共通実践に広げる

● その上で特別支援教育の視点から，より効果的な指示や学習過程を考慮し，特別支援教育コーディネーターなどと組織的に当該生徒の協働的な学習を支援する

ベテラン先生からの　アドバイス

自分が受けてきたものを再生産するような授業，例えば，障害によって漢字を100回書いても覚えられない生徒に，漢字ノートを作って毎日100回同じ漢字を書かせることに特別支援教育としての価値があるかを考えてみることが必要です。

通常学級に在籍するコミュニケーションの苦手な生徒が，話し合いに参加するためには，事前に最低限必要なスキルやパターン，コンフリクト(対立)回避の仕方などを学習する必要があります。また，他の生徒の受容性も高めておく必要もあるでしょう。

しかし，それらを取り立てて指導する時間や場面はほとんどありません。こうした準備や補充は，個別または小集団でこそ効果的に行うことができます。例えば，箇条書きにまとめた考えを約1分で自分の意見として話す，などは通級や巡回の指導に予習的に委ねることも一考すべきです。

（千葉 正法）

多様性を認め合うことや思いやりの大切さについて，道徳の授業をしたいのです。どのような授業を行えばよいでしょうか。

合理的配慮は周りの生徒の不公平感が募り，いじめの原因になる？

「Aさん，カメラで黒板を写していいよ」

「Aさんだけ特別扱いなんて，ずるくない?」

やはり道徳の授業をやってみようかな…

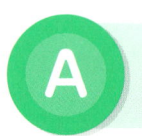

障害への理解を深め，合理的配慮が公正・公平を保つための対応であることに気づくことが大切です。

「特別の教科　道徳」の授業を通して，

①障害のある生徒への合理的配慮の事例を知り，個別に特別な配慮が必要であり，それは不公平なことではないことを理解させたい。

②すべての生徒に公正・公平な対応をするためには，障害のある生徒への合理的配慮として，他にどのような具体例があるか考えさせたい。

そこで，主題を「相互理解，寛容(B−(9))」や「公正，公平，社会正義(C−(11))」の内容項目に関連させ，障害のある生徒を含めた生徒全員の生き方を支援するような教材が求められます。

教材例「どうして，Aくんだけ?」(概要)

発達障害(読み書きの障害)を持つAくんは，小学校時代から黒板の文字を書き写せず，みんなよりも時間がかかってしまいます。中学校では学習内容も難しくなり，授業中にノートをまとめきれません。

そこで，Aくんの障害をカバーするため，授業でデジタルカメラとICレコーダーの使用を許可しました。その結果，Aくんは家庭で復習しやすくなりました。

しかし，しばらくしてテストが近づくと，周囲の生徒から「Aくんだけを特別扱いするのはずるくないか」という声が挙がるようになりました。

学習展開例

	学習活動	主な発問と予想される生徒の反応　◇評価	指導上の留意点
導入 (5分)	眼鏡や補聴器を利用している人について	もしも，眼鏡や補聴器がなかったらどうなるか? ・見えづらい。聞こえない。 ・日常生活で困る。 ・眼鏡や補聴器は必需品だ。	導入は簡潔にして，時間をかけ過ぎない。

展開 (35分)	教材を先生が音読する。 Aくんについての理解 発達障害について説明する。	Aくんには，なぜデジタルカメラとICレコーダーの使用が認められたのでしょうか？ ・読み書きが苦手だから ・学習障害があるから ・先生が許可したから	障害特性の欠点や課題のみを強調しない。
	課題はどこにあるのか考える。	Bくんは，AくんだけにデジタルカメラとICレコーダーの使用を許可するのはずるいといいました。 あなたはどう思いますか？ ・いくら読み書きが苦手だからといって，Aくんだけに許可するのはずるいと思う。 ・学習障害があるのだから，必要だと思う。 ・復習しやすいから，自分にも許可してほしい。 ・クラス全員に許可すればいい。	賛成か反対かではなく，多様な意見を引き出す。
	グループ協議 発表		班を活用する。 （男女二人ずつの四人組が理想）
終末 (10分)	ワークシートに自分の意見をまとめる。	考えたことや思ったことをまとめましょう。 ◇友達の意見が自分の考えを深めることになったか。 ◇共感・感動できることはあったか。 ◇今日の道徳で新たな発見はあったか。 ◇合理的配慮について，自分の考えを説明できるか。	教師の考えを押しつけない。 ワークシートを活用する。

ここがポイント　多様性や思いやりを大切にする道徳の授業

● 眼鏡は，視力の障害を補うものであることに気づく

● 擬似体験などにより，発達障害は脳の機能障害であることを理解する

● 障害のある生徒を含めた生徒全員の生き方を支援するという視点が大切

● 合理的配慮は，公正・公平を保つものであると気づかせたい

● 生徒には公正さが担保されて，はじめて平等を得ることができることにも気づかせたい

ベテラン先生からの　アドバイス

　「特別の教科 道徳」では，教えることよりも生徒の発言を受容し，共に考え，悩み，夢や感動を共有するという教師の姿勢が大切です。その姿勢は，障害のある生徒の受容にもつながります。「やってみせ，言って聞かせて，させてみて，ほめてやらねば，人は動かじ」とは，よく知られた言葉ですが，さらに「話し合い，耳を傾け，承認し，任せてやらねば，人は育たず」と続きます。

　生徒の発言に耳を傾け，そうかと承認すれば，生徒は成長するのです。生徒の発言を「いいねえ」「すばらしい」「なるほど」と受容して，さらに問いを続けていくと，生徒自身が自分でもこんなことを考えていたのかと思えるような言葉が引き出されます。

（池谷 芳彦）

 **Q33** 障害のある生徒の保護者が将来のことを心配して相談にきました。どのようなアドバイスをしたらよいでしょうか。

うちの子どもの将来はどうなるのかしら…。

服装の気遣いも，まだできていないな…

社会的なマナーを身につけるには，どうしたらいいのかな…

「先生，この子の進路はどうしたらいいでしょうか?」

 **A** 将来の目標が自立と社会参加であるということを念頭におきましょう。

●保護者の心構え

　まず，将来の目標である「自立と社会参加する」ために，今何をすべきなのかを保護者と確認していきます。保護者ができることは，第一に健康な身体をつくること，そして身辺自立を促すことです。また，社会参加に必要なマナーやルールが大切であることを確認していきましょう。

　学校生活で身につけていくマナーやルール，例えば「話を聞く」「わからないことは質問する」といった基本的なことは，将来の就労に向けて必要なことです。学校でも家庭でも，同じ視点で指導していくことが大切でしょう。

　次に，子どもが自己理解を進めていくには，保護者の支援が重要であることを認識してもらいましょう。子ども自身が自分と向き合い，自分の強みと弱みを把握することは，なかなか難しいことです。しかし，身近にいる保護者が日常の場面をとらえて適宜アドバイスすることで，自己理解は進みやすくなります。保護者自身が子どもの現実の姿を理解することにもつながるでしょう。

●どんな進路先があるのか

　中学校卒業後の進路先については，現在，様々な上級学校が存在します。公立校，または私立校なのか，普通科または職業科等のどの学科なのか，全日制または定時制や通信制なのか，入試は学科試験または面接等だけなのか，さらにサポート校，特別支援学校という選択肢も考えられます。

　上級学校卒業後の進路も視野に入れる必要があります。本人の強みを生かせる社会参加はどのようなものがあるのか，様々な可能性があることを理解してもらいます。そして，教師は保護者の意向も踏まえながら情報を提供し，時間をかけて意思を確認していきましょう。

　また，保護者自身が将来に向けての見通しを持てるように，様々な情報収集を積極的に行うこと

を勧めます。子どもと一緒に上級学校や就労先を見学に行くのも一つの方法です。あまり進路先を限定せずに，子どもが興味を持った分野を見学し，体験してみるのもよいでしょう。また，特別支援学校の受検には，療育手帳や医師の診断が必要な場合があります。正確な情報を教師自身が持ち，的確に提供できるようにしましょう。

●教師の心構え

障害のある子どもを育てる保護者は，障害のあるわが子について，受容の問題や養育における肉体的・精神的ストレスを抱えていることが多いものです。教師自身はそのことを踏まえ，保護者の日ごろのがんばりについて共感と敬意を持って聞き，評価することが大切です。

そして，「家庭ができること」「学校ができること」「家庭と学校とでできること」の役割を確認しながら，支援をしていきましょう。そのために，教師一人が問題を抱えるのではなく，学校全体で組織として対応し，また積極的に関係機関と連携を図っていく姿勢が重要です。そして，子ども自身を支援していくことと共に，保護者も支援していくことを念頭に，アドバイスをしていくことが何よりも大切でしょう。

ここがポイント　生徒の将来の進路を考える上で大切なこと

- ●基本的なマナーやルールは，学校でも家庭でも指導する
- ●生徒自身の自己理解が進むように，保護者へ支援を依頼する
- ●保護者自身に将来の見通しを持ってもらう
- ●教師は，生徒だけでなく保護者も支援する視点を持つ

ベテラン先生からの　アドバイス

将来を心配するあまりに，保護者が何もかも手を出してしまい，本人の主体性が十分に伸びないケースもあります。年度初めなど環境が変わる時期には手厚く支援をすることは必要ですが，慣れてくれば一人でできることも増えてきます。

特に進路については，あくまで本人が主体であることを保護者に理解してもらいましょう。

また，反対に養育のストレスや経済状況等から，子どもの将来に無関心なケースもあります。将来の最終的な目標は，就労であり社会参加です。そこに向けて，今保護者として何をすべきなのかを考えてもらう必要があります。

いずれの場合も，保護者には，子どもは何ができて何ができないのかの現実を理解し，将来に関心を持ってもらうようにする工夫が大切です。

Q34 障害のある生徒の社会自立のために，家庭での対応をどう伝えていけばよいでしょうか。

生徒の「自立」状況を保護者はどう理解しているのかな…。

「私がいろいろ世話をしないと何もできない…」

「うちの子には発達の遅れなんてありません…」

自立状況について保護者と共通理解を図る必要があるな…

A 「自立」について共通理解を図り，家庭の状況を受け入れ，お互いに無理のない提案をしましょう。

「自立」とは，どういうことでしょうか。広辞苑には，「他の援助や支配を受けず自分の力で身を立てること。ひとりだち」とあります。ここでは，一つの考え方として，以下の四つの自立をあげます。

①「身辺自立」ADL（日常生活動作）の自立です。つまり食事や着替え，排泄や入浴等の生活を営む上で不可欠な基本的行動ができることです。②「生活自立」IADL（手段的日常生活動作）の自立です。掃除や洗濯，買い物や料理等，生活を営む上で必要なことができることです。③「経済的自立」就労してお金を稼ぎ，日常生活が営めることです。④「精神的自立」親に頼ることなく，自分で意思決定して行動し，生活していくことです。

まずは，これらの「自立」をすることが生徒にとって必要であり，重要であることを保護者が理解できているかどうか，確認しておくとよいでしょう。

幼少期に発達に遅れやアンバランスがあることに気づきがあってから，身辺面や生活面の課題に対してくり返し取り組み，習得させようと努力してきている保護者は，中学生段階では一見すると定型発達の生徒のように「自立」ができているように感じてしまうことがあります。

しかし，発達段階相応の課題が残っているにもかかわらず受容ができず，実態からかけ離れた要求をする保護者もいます。一方，幼いころから発達の遅れを心配してきたことから，中学生であるにもかかわらず，過度にお子様扱いをする保護者がいます。障害のせいで何もできないと思い込み，いつまでも幼児期と同じように支援の手を出す保護者もいます。

生徒の生活年齢を踏まえ，発達の様子や生活環境に合わせた課題設定ができるように，学校と家庭と一緒に「個別の教育支援計画」や「個別の指導計画」を作成するためにも，生徒の「自立」をどうとらえ，中学校段階ではどうしていくか，共通理解ができるようにしたいものです。

そのためには，保護者が生徒の進路先，就労先といった具体的な将来像を描けるように，学校から情報提供を十分に行うことが必要です。

先ほど，発達段階相応の課題と述べましたが，「自立」に近づけば近づくほど，様々なトラブルが起きることがあります。

例えば，比喩や皮肉の理解ができなかったり，冗談が通じなかったりするために，場にそぐわない発言をしたり，本気で怒り出したり，些細なことで言い争いになったりすることがあります。物事を理解できないまま，素直に受け止めて行動するために，怪しい勧誘にひっかかるような消費者トラブルに巻き込まれることがあります。傷つきやすく，必要以上に不安になったり，被害妄想的な思考に陥ったりすることがあります。人間関係のトラブルに発展することもあります。

その背景には，コミュニケーション面の困難さがあります。コミュニケーションの力は，一日で改善できるようなものではありませんが，課題に対応した適切なトレーニングによって伸ばすことができますので，中学生段階から家庭と連携して取り組んでいけるとよいでしょう。

多くの課題が見えていても，家庭の事情を鑑みて，お互いに無理がなく進めていける着地点を見つけることが，生徒の自立への近道になります。生徒の変化を細やかに伝え，成長の喜びを共有していくことが，学校への信頼を深め，家庭の協力を得られることにもなるでしょう。

> **ここがポイント　社会自立のために，保護者との連携が必要**
>
> ● 生徒の将来像がイメージできるように，保護者に情報提供をする
>
> ● 生徒の「自立」について，保護者と共通理解を図る
>
> ● 個々の家庭の状況を理解して受け入れ，過度な負担がかからず無理のない提案をする
>
> ● 日々の生徒のポジティブな変化を報告し，成長の喜びを保護者と共有する
>
> ● 「個別の教育支援計画」を基に定期的な評価を行い，手立てを見直し家庭と連携して指導する

ベテラン先生からの　アドバイス

小学校と中学校の情報交換や連携は教育委員会を通して行うことができますが，中学校以降に難しさを感じているという声を多く聞きます。また，特別支援学級の生徒の進路先が多様になり，先生方も進路指導に大変苦労されているようです。保護者と良好な関係を維持できず，生徒の指導が上手くいかないと嘆く先生もおられます。

そんなときは，外部の専門機関に頼ってもよいでしょう。例えば，地域の特別支援学校のコーディネーターに相談してみましょう。就労に関する多くの情報や支援の実績を持ち，作業など具体的な指導方法に関するノウハウや発達段階に応じた教材があります。巡回相談を行っている特別支援学校には，実際の指導場面の助言や，保護者への助言を依頼することも可能です。

（池尻 加奈子）

Q35 発達障害のある生徒の保護者から，録音機器の使用について合理的配慮の要望がありました。どのように対応していけばよいでしょうか。

録音機器を使用することが本当に効果的なのかな？

「A子は聞こえが悪いので，授業を録音したいのですが…」

よく聞こえないのかな？　それとも別の困難があるのかな？

「録音機器の使用以外に，別の手立てがあるかもしれませんよ」

A どのような合理的配慮が必要か，本人のニーズを把握して調整していきましょう。

●合理的配慮のスタート

　合理的配慮は，原則的には個々の障害者に対して社会的障壁の除去を必要とする旨の「意思の表明」があった場合に個別に行われるものです。したがって，保護者から相談があったことにより，合理的配慮についての話し合いがスタートします。本人の学習を進めるための方策ですから，学校としても前向きに相談を受け入れていきましょう。

●本人のニーズの把握

　本人・保護者の要望（demand）が必ずしも合理的配慮とはなりません。本人のニーズ（needs）に基づいて，合理的配慮を検討・決定していくことが必要です。

　発達障害の生徒の中には，「聞き取る力が弱くて正確にメモを取ることができない」，「書くことが苦手で板書をノートに写すことができない」などの学習障害を有している生徒がいます。家庭に

おいて授業を録音した機器を活用して行う学習のふり返りは，本人にとって有効な学習方法かもしれません。

　しかし，録音機器の再生音を聞きながらの復習は，かなり時間がかかりますから効率的とはいえません。本人のニーズは，「板書をノートに写さずに復習したい」「ポイントを絞って理解したい」ということかもしれません。ニーズに基づいて，何が必要な合理的配慮であるかを相談して決めていきましょう。

　すると，教師の板書計画をコピーして渡すとか，黒板を消す前にカメラで写真を撮るということが本人のニーズに沿った合理的配慮ということになるかもしれません。

●教師間の共通理解

　本人の学習の困難さと合理的配慮については，校内委員会・学年会において話し合って，その内容と妥当性について共通理解を図りましょう。中

学校は教科担任制ですから，生徒に関わる教師全員に共通理解が必要です。「毎回板書計画をコピーして渡すことは過度な負担である」とか，「授業をすべて録音されるのは精神的な負担だ」と考える教師もいます。教科によって授業スタイルも異なりますので，教科別や単元ごとに考えることも必要です。

●「個別の指導計画」への記載

合理的配慮の内容は，個別の指導計画に記載することが大切です。これによって教師の共通理解をより進めることになりますし，合理的配慮の有効性について評価する際の視点にもなります。また，学年が進級する場合，引き継ぎのために重要な資料になります。

●学級の生徒への説明とデータ管理が必要

合理的配慮として録音機器やカメラなどの機器を使用することになった場合は，当該生徒にとって特別扱いではなく必要な配慮・調整であることを同じ学級の生徒にも説明しましょう。いじめや差別の温床とならないように，ていねいに対応することが必要です。

また，録音や写真などのデータの取り扱いにも慎重を要します。それらのデータは教師や他の生徒のプライバシーにも関わることもあるため，家庭だけで用いることや消去する時期について，本人・保護者と申し合わせておくことが不可欠です。

ここがポイント　録音機器などを活用するための基本

- ●本人のニーズを学校と保護者で話し合って確認する
- ●本人の困難性（書字，聞こえなど）と合理的配慮を校内委員会で共通理解する
- ●板書のカメラ記録やわかりやすいワークシート・プリントの活用も有効
- ●教師にとっての過度な負担や他の生徒のプライバシーについて配慮し，理解を求める
- ●記録したデータの使用場所・消去時期などについて，保護者と申し合わる

ベテラン先生からの　アドバイス

学習障害や肢体不自由，弱視などの生徒の中には，板書をノートに写すことが困難なケースがあります。その困難性を理解して，個別的に合理的配慮を考えていくことが大切です。保護者の要望はきちんと受けとめて，本人のニーズと合理的配慮について一緒に相談していきましょう。

中学校では教科担任制ですから，すべての教師方の理解を求めることは結構困難です。同じやり方を教師方に求めるのではなく，生徒の困難さを理解してもらい，各教科での合理的配慮について考えてもらいましょう。

同じ学級の生徒への配慮も不可欠です。合理的配慮への要望は，今後ますます増えることが予想されますので，学校としての課題対応が望まれます。

（池本 喜代正）

知的障害のある生徒の保護者から，宿題の軽減について合理的配慮の要望がありました。どのように対応していけばよいでしょうか。

Q 36

宿題の適正量はどのくらいなのだろうか？

宿題がまだ終わらないのね…

「先生，A夫の宿題を減らしてもらえないでしょうか?」

他の先生方へも相談したほうがいいかしら…

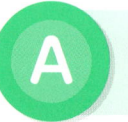

知的障害のある生徒にとって，宿題についても合理的配慮は必要です。

●宿題のねらいを考える

　この知的障害のある生徒は，交流及び共同学習の時間において出された宿題がなかなかできないために，保護者から相談があったのだと思われます。通常学級では，宿題は一律に全員同じ課題を出すことが一般的です。特定の生徒に対して宿題の量や内容を変えると，「あの子だけ特別扱いしている」とか「私も少なくして」という生徒が出てくる可能性があるかもしれません。

　そこで考えたいことは，宿題は何のために出すのかということです。宿題は，学習の定着のために家庭において行う学習課題です。そして，家庭での学習習慣の形成というねらいもあります。もし宿題の量が多すぎて本生徒の睡眠時間が少なくなるとか，難しすぎて学習意欲が低下するならば，宿題がマイナスに働いてしまいます。

●発達段階に応じた適切な宿題

　宿題のねらいからも，生徒の発達段階・学習課題に即したものが適切な宿題ということになります。知的障害があり，ある教科は特別支援学級において下学年対応の学習課題を行っているならば，その教科の宿題は下学年の学習内容が出されるべきです。交流及び共同学習の教科についても，本生徒の実態を把握し，家庭での学習課題として他の生徒とは異なる内容を提示することは，本生徒にとって必要な調整・変更です。

　なお，本生徒が通常学級に在籍しており，宿題のみならず学校での学習にも困難をきたしている場合には，生徒の実態や学習状況について保護者と十分に話し合い，本人にとって適切な学習課題とは何かを考えて，学習内容や宿題を含めた学習方法について共通理解を図っていきましょう。

●実態と合理的配慮について先生間で共通理解を図る

　中学校は教科担任制ですから，先生によって宿題についての考え方も異なります。しかし，生

徒の能力の違いによって宿題の負担が異なることを，先生方は十分理解しています。本生徒の学習課題に対応する宿題について，学年会などで各教科担当の先生方と一緒に相談して，基本的な対応方法について共通理解を図ることが大切です。そして，「個別の指導計画」において，手立ての欄に「自分で取り組む意欲を大切にして宿題の量は少なくする」など，合理的配慮について記載しておくといいでしょう。

●家庭学習の立案・やり方も指導する

知的障害や発達障害のある生徒の場合，家庭学習においてできない問題を何十分も考えたり，苦手な教科に時間をかけたりするなど，効率的でない学習をしているケースが多くあります。国語〇分，数学〇分，英語〇分と一日の学習時間を決めてあげるとか，月曜は社会，火曜は理科などと一週間の計画も立てる方法を指導することも必要です。

また，できない問題は答えを見て考える，基礎的な問題は最後までやるなど学習方法・工夫も指導するとよいでしょう。

将来の生活を考えるならば，机上の学習のみならず，洗濯や簡単な調理，食器洗いなどの「家庭での仕事」を本人の宿題とすることは，責任感・達成感などを培い本生徒にとっての「生きる力」につながります。

ここがポイント　宿題の目的・量・内容の基本

- ●宿題の目的は，学習の定着と家庭学習習慣の形成である
- ●本人の発達段階に即した学習課題でなければ，本人にとって苦痛になる
- ●先生間において，当該生徒の合理的配慮について共通理解を図る
- ●家庭学習の立案・やり方についての指導も必要である
- ●家庭での手伝い・仕事など実務的な宿題も考える

ベテラン先生からの　アドバイス

知的障害のある生徒の学習に関しては，生徒の実態と保護者の要望のギャップが大きくて先生方がジレンマを感じることが多くあります。この相談ケースは「宿題を少なくして」という要望ですから，先生たちの考えに沿うものだったかもしれません。

生徒に対して同じ課題を出すのが平等ではなく，能力や学習課題に応じて適切に宿題を調整・変更することが合理的配慮であ

ることを理解しましょう。

生徒の能力や発達段階は様々で，学習到達目標も異なっています。その中で全員にわかりやすい授業を行うことは授業力向上という点でも必要なことですが，障害のある生徒の実態把握・適切な課題設定・適切な手立ては，特別支援教育の専門性の一部です。学校全体の授業力や特別支援教育の充実が求められています。

（池本 喜代正）

Q 37 発達障害のある生徒の保護者から，定期試験時の時間延長とルビふりの要望がありました。どのように対応したらよいでしょうか。

定期試験時への合理的配慮は，どのように対応すればいいのだろう？

Aくんは，識字に課題がありそう。配慮が必要かな？

定期試験で，時間延長とルビふりを要望された…

どう対応したらいいのかな？

A 障害のある生徒が，十分に力を発揮できる配慮は必要です。

●合理的配慮で生徒のよさを伸ばす

　2012 年に公表されたインクルーシブ教育システムの概念について頭では理解していても，いざ保護者から合理的配慮を求められると，集団指導に慣れている教師は戸惑いを感じるでしょう。特に，発達障害は目に見える障害ではないため，周りに理解されにくい現状があります。まず全教員が，通常学級には障害のあるなしにかかわらず，多様な生徒が在籍しているという認識のもと，生徒一人ひとりの実態に合わせて多様な方法を活用し，生徒たちの学びを保障していくという考えを持つことが何より重要です。

　とはいっても，合理的配慮をすることにより，読み書き等の基礎的学力が身につかなくなるのではないかと懸念する意見が，他の教師から出されることも想定されます。しかし，学習意欲を持つことができずに，学習を放棄したり不登校になるなど最悪の状況になってしまったら元も子もあ

りません。

　合理的配慮をしたことで生徒のよさを伸ばす選択肢が増え，例えば，板書を写す学習でタブレット等を活用したほうが本人の特性を生かすこともできます。これからの世の中は，ICT 等が高度に発達し，学習方法に苦戦している場合は，むしろそれらを使いこなすほうが将来仕事に就いたときに有利に働くかもしれません。現在，大学入試センター試験をはじめ各都道府県での高校入試でも，問題文の提示や試験場所などでの合理的配慮はすでに実施されています。

●合理的配慮の提供をする際に，留意する点

①担任レベルで，即座に「できる」「できない」の回答はしない

　保護者から合理的配慮の要望があった場合，まずはていねいな聞き取りをすることから始めることが重要です。本人や保護者の要望を聞き取り，特に合理的配慮によって「何ができるようになりた

いのか」ということを聞いていきます。

　合理的配慮ができるかどうかについては，教師個人が安易に回答をしてはいけません。校内委員会で，聞き取りを基にした検討を迅速に行っていきます。必要かつ適当な変更案も含めて検討し，学校全体で組織的に行っていきましょう。

②「どの程度の配慮が必要か（全教科で必要か，特定の教科に限定するか）」を話し合う

　本人の日常の学習活動について，学校が保護者へ伝えることは大切です。何ができて何に苦戦しているのか，それに対して，どのような個別の配慮をしていて，どのように成長しているかを保護者に伝えましょう。教科によっては，配慮が必要のない場合もあるかもしれません。保護者の

要望が「全教科への配慮」であっても，試験時間の延長やテスト文へのルビふりなどの合理的配慮は「特定の教科」に限定してもいいかもしれません。

　また，学校にとって実現不可能な過重な負担は，状況を説明して「できないこと」を理解してもらうことも必要です。家庭と学校の双方が納得して，本人の持っている力を十分に引き出し，成長につながるような合意形成を目指していきましょう。

③自分の苦手を知り，補う方法を学ばせる

　今後の高校受験時や卒業後の自立を見通すと，本人がどのような困難さを感じていて，どのように支援してもらうとよいかを周りの人に説明できることは大変重要なことです。要望については，保護者だけでなく本人からも直接確認しましょう。

ここがポイント　定期試験時への合理的配慮

- インクルーシブ教育システムの概念を理解する
- 誠意を持って迅速に対応する
- 本人・保護者と合意形成を図る
- 過重な負担となる場合は，できない状況を理解してもらう
- 要望について本人からも説明してもらう

ベテラン先生からの　アドバイス

　合理的配慮の提供には，教師の深い理解が何より大切です。新学習指導要領では，各教科の解説において，学習上の困難のある児童生徒に応じた指導内容や指導方法の工夫例が示されています。このことは，通常学級で行う特別な教育的ニーズを有する児童生徒への対応がすべての教師に求められていることを表しています。授業のユニバーサルデザイン等に学校全体で取り組んでいくとよいでしょ

う。「前例がない」「他の生徒には認められていない」などの否定的な対応はできません。

　また，他の生徒たちの障害への理解を深めることも大変重要です。生徒たちが差別や偏見意識を持たないように，日ごろから「特別扱い」と感じさせない学級内の雰囲気や，人権意識を高めるような指導の工夫や声かけが必要です。学級経営として，障害のある生徒を受容することを積極的に進めていきましょう。

（髙岡　麻美）

Q38 障害のある生徒の保護者から，学習支援員を一人つけてほしいとの要望がありました。どう対応したらよいでしょうか。

学習支援員の要望は対応が難しそう。どうしたらよいのかしら…。

車椅子の生徒は，何か困っているのかな？

「A子に，学習支援員をつけてもらえないでしょうか？」

学習支援員は必要かな？ どう対応したらいいんだろうか？

A 合理的配慮は過度な負担がない範囲で提供されますが，本人・保護者と合意形成をすることが大切です。

障害者差別解消法が施行され，合理的配慮は「生徒一人ひとりの障害の状態や教育的ニーズに応じて，発達の段階を考慮しつつ，設置者及び本人・保護者により合意形成を図った上で提供されることが望ましい」とされています。ただし，「学校の設置者及び学校に対して，体制面，財政面において，均衡を失した又は過度の負担を課さないもの」としており，保護者の要望が過度の負担に当たるかどうかの検討が必要です。

●情報収集からはじめ，検討・調整し，合意形成する

保護者から学習支援員の要望があった場合，「どのような場面で困難が生じているのか」「困難が生じたとき，どのような状態になるのか」「どのような配慮を望んでいるのか」をていねいに聞き取り，関連情報を収集し，校内委員会で検討します。

検討する内容は，具体的場面や状況に応じて，以下の項目が考えられます。

・何のために提供するのか。

・何を優先して，提供する必要があるのか。

・教育の目的・内容・機能の本質的な変更になっていないか。

例えば，教師の見立てで，「作業場面では，安全管理の観点から支援が必要である」一方，「話し合い活動などで，本人が積極的に参加している場合，すべての学習活動では学習支援員を必要としない」ということもあるでしょう。本人の力が発揮できないような過剰な配慮にならないために，保護者や本人へ十分に情報提供し，共に納得のいく形で合意を形成していく必要があります。

また，教育委員会の環境整備や財政面から，学習支援員の配置が難しい場合もあるでしょう。すぐに支援員が見つからない場合もあるかもしれません。その場合は，学校側として「過度の負担」になる理由を，誠意を持って保護者へ伝える必要があります。

そして，必ず代案を提示することが大切です。校内委員会で，どのような支援ができるのかを検討し，学校ができることをベースとした選択肢を示しましょう。例えば，ボランティアを募集し，ティームティーチング授業の補助とすることもできるかもしれません。

当該校だけで解決できないときは，外部の専門機関に相談するのも一つの方法でしょう。また，地域や民間機関の活用も考えられます。困っていることに対して，本人や保護者，学校，教育委員会，外部専門機関等が共に具体的な解決策を考え建設的に話し合って，合意形成することがとても大切です。

●「個別の教育支援計画」に明記し，評価を定期的に行う

PDCA サイクルに基づいて，合理的配慮を評価することはとても重要です。小学校で学習支援員による支援が必要だったとしても，成長により中学校では不要になる場合もあります。配慮したことで，かえって本人の成長につながらないこともあるかもしれません。

支援策は個別の教育支援計画に明記したのち，定期的に本人・保護者とふり返りを行い，評価していきましょう。そして，本人の成長につながる切れ目のない支援をするためにも，個別の教育支援計画は必ず上級学校に引き継いでいきましょう。

ここがポイント　学習支援委員の配置について

- ●具体的な場面，状況について検討する
- ●学校にとって過度な負担となる場合は，保護者へその理由を明確に伝える
- ●過度な負担となる場合は，必ず代替案を提案する
- ●当該校での対応が難しい場合は，外部専門機関等と連携する

ベテラン先生からの　アドバイス

合理的配慮は，障害者雇用促進法の改正により企業にも法的義務が課されており，今後，障害のある生徒が就労した際にも，企業から受けられる権利となります。厚生労働省が示した合理的配慮に関するガイドラインは，「個々の事情を有する障害者と事業主との相互理解の中で提供される性質のもの」とされています。

生徒自身が自分の特性を理解して，将来企業における配慮や支援を要請できる「相談力」を身につけることがとても大切です。保護者の思いだけで合理的配慮を検討するのではなく，保護者との信頼関係のもと，生徒自身が何に対して困難さを感じ，何ができるようになりたいのかという自己理解を深め，自己決定できる力が育つように本人・保護者と共に考えていきましょう。

（髙岡 麻美）

Q 39 保護者から学校での対応が十分でないとの苦情がありました。理解してもらうために，どう対応したらよいでしょうか。

「合理的配慮」に関する理解は十分か…。

「どのようなご要望でしょうか?」

「個別の教育支援計画と指導計画を確認しましょう」

「支援・指導計画について，全教職員で共通理解しましょう」

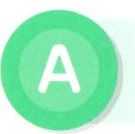

A 合理的配慮に関する理解を深めると共に，学校・家庭・地域社会が連携し，相互に補完しつつ一体となって行う。

　保護者からの苦情は真摯に受け止めて，ていねいに詳細な聞き取りを行いましょう。そこでは，要望の背景や保護者の願いも理解することが大切です。そこから，話し合いの土台となる信頼関係が構築されます。そして，その内容は管理職へ迅速に報告・相談しましょう。

　また，具体的な対応については，学校としてできることとできないことを明確にし，保護者との共通理解を図ることが大切です。そして，「個別の教育支援計画」と「個別の指導計画」は，記述内容について保護者と十分に確認しましょう。

　通常学級における特別な配慮を要する生徒の支援の在り方について，担任だけで指導に当たるのではなく，学校全体で支援を行うための方策について考えていかなければなりません。

　そこで，教職員が障害のある生徒が十分に教育を受けられるための「合理的配慮」に関する共通理解を深めること，さらに，学校・家庭・地域社会の三者における教育が十分に連携し，相互に補完しつつ一体となって営まれることが大切です。

●**合理的配慮の具体例**

　合理的配慮は，生徒一人ひとりの障害の状態や教育的ニーズ等に応じて決定されるものであることに留意することが必要です。

◆**LDのある生徒への合理的配慮例**

①**情報・コミュニケーション及び教材の配慮**

　読み書きに時間がかかる場合，本人の能力に合わせた情報を提供します。例えば，文章を読みやすくするための体裁の変更，拡大文字を用いた資料の提示，文章にふりがなをつける，音声やコンピュータでの読み上げ，写真などの視覚情報を併用して伝えるなどです。

②**学習機会や体験の確保**

　身体感覚の発達を促すために，活動を通した指導を行います。例えば，体を大きく使った活動，様々な感覚を同時に使った活動などです。また，

活動内容をわかりやすく説明して，安心して参加できるようにします。

◆ADHDのある生徒への合理的配慮例
①情報・コミュニケーション及び教材の配慮

聞き逃しや見逃し，書類の紛失等が多い場合には，伝達する情報を整理して提供します。例えば，掲示物の整理整頓・精選，目を合わせてからの指示，メモ等の視覚情報の活用，静かで集中できる環境作りなどです。

②学習機会や体験の確保

好きなものと関連づけて，興味・関心が持てるように学習活動の導入の工夫を行います。また，危険防止策を講じた上で，本人が直接参加できる体験学習を通した指導を行います。

◆自閉症のある生徒への合理的配慮例
①情報・コミュニケーション及び教材の配慮

自閉症の特性を考慮し，視覚を活用した情報を提供します。例えば，写真や図面，模型，実物等の活用です。また，細かな制作などに苦手さが目立つ場合が多いことから，扱いやすい道具を用意したり，補助具を効果的に利用したりします。

②学習機会や体験の確保

自閉症の特性により，実際に体験しなければ行動の意味を理解することが困難な場合があるので，実際的な体験の機会を多く設定します。また，言葉の指示だけでは行動できないことがあるため，学習活動の順序がわかりやすくなるように，活動予定表を活用することがあります。

ここがポイント　学校・家庭・地域社会が一体となって行う合理的配慮

- 保護者の訴えを迅速に聞き取り，管理職へ報告・相談する
- 障害のある生徒が十分に教育を受けられるための合理的配慮に関する教職員の共通理解を深める
- 学校と本人・保護者により，合理的配慮について合意形成を図った上で決定し，提供する。また，その内容を「個別の教育支援計画」に明記する
- 合理的配慮は，学校・家庭・地域社会の三者における教育が十分に連携し，相互に補完しつつ一体となって営まれることが重要であることを共通理解する
- 合理的配慮の決定後も，生徒一人ひとりの発達の程度，適応の状況等を勘案しながら，柔軟に見直しができることを共通理解する

ベテラン先生からの　アドバイス

合理的配慮は，個別対応であるため当該生徒の状態に応じて変わっていくものであり，また，技術の進歩や人々の意識の変化によっても変わっていく可能性が高くなります。そのため，合理的配慮は当該生徒が十分な教育を受けるために提供できているかという観点から，定期的に評価することが重要です。具体的には，個別の教育支援計画や個別の指導計画に基づいて，学校で実行した結果について定期的に評価して見直すPDCAサイクルを確立させていくことが重要です。

（阿部　陽一）

保護者から授業での個別支援が十分ではないと批判がありました。どのように対応したらよいでしょうか。

保護者はどんな支援を求めているのかな? 管理職に相談する必要があるな…。

授業の仕方への批判についての具体的な内容を確認する

授業観察を実施して課題を明確にし，授業改善を図ろう

個別の指導計画を見直して，新たに作成しよう…

適宜評価を行い, 生徒の実態に合った個別の指導計画を作成します。

　まず保護者からの批判は，迅速に真摯に受け止めましょう。当該生徒の個別支援に関しては，「個別の指導計画」に記載されています。計画の作成に当たっては，当該の生徒の実態や各教科等の特質を踏まえて，内容等を工夫し作成されているはずですが，その内容を見直します。

　計画の見直しに当たっては，担任の負担が大きくならないように，特別支援教育コーディネーターを中心に校内委員会で確認する必要があります。また，計画作成時と同様に保護者との話し合いを十分に行い，共通理解を図ることが必要です。

　そして，見直した個別の指導計画はいうまでもなく実際の指導に生かすことが求められます。そのためには，校内での共通理解が必要であり，校内研修会等を通し関連情報を学校全体で共有することが求められます。

　個別の指導計画は当該の生徒の実態を把握した上で作成されたものですが，その生徒にとって適切な計画であるかどうかは，実際の指導を通して明らかになるものです。そのため，PDCAのプロセスにおいて適宜評価を行い，指導内容や方法を改善し，より効果的な指導を行うことが大切です。以下に，障害別に基本的な授業改善例を紹介します。

　ちなみに，PDCAとは，P[Plan] …実態把握及び目標・内容等の設定，D[(Do] …指導及び支援の実施，C[Check] …評価，A[Action] …目標・内容等の改善のことです。

●個別の支援計画に基づく授業改善例
◆LDに対して
　「指示の理解」「筋道を立てて話す」などが苦手なLDの主な特性に即した指導や支援

　①視覚的な補助，復唱，聴写をするなどの指導方法を組み合わせて，指示を理解する能力の改善を図る。

　②章や段落ごとの関係を図示する，重要な箇所

に印をつけるなどの指導や支援を通じ，読解のための手段を身につけられるようにする。

③「いつ」「どこで」「誰が」「何をして」「どう思ったか」などの質問形式から取り組み始めたりする工夫をしながら，作文の指導や支援を行う。

◆ADHDに対して

「不注意な間違い」「注意の集中が苦手」なADHDの主な特性に即した指導や支援

①いくつかの情報の中から，必要なものに注目する指導や支援，どのような作業でも，終わったら必ず確認することを習慣づける指導や支援を行う。

②一つの課題をいくつかの段階に分割して，視覚的に課題の見通しを確認できるようにすることや，刺激の多い窓側を避け，黒板に近い席に座ら

せるなどの集中しやすい学習環境を整えるといった工夫を行う。

◆自閉症に対して

「コミュニケーションが苦手」「こだわりが強い」などの自閉症の主な特性に即した指導や支援

①授業者が具体的な言葉で質問して，確実に回答できる機会を増やす。

②くり返し質問してきた際には，ていねいに対応する。

③本人の興味・関心のある事柄を見つけ，授業展開する。

④こだわりが強くならないように，いつも何をすればよいか，それはどのような手順で進めればよいか，図などを用いてわかりやすく示す。その支援で本人の不安は減少する。

ここがポイント　一人ひとりの違いを生かす授業の創造

● 言葉だけに偏らず，多様な力を活用できる授業を実践する

● 授業の流れを提示し，今何が行われているのかがわかる授業を実践する

● 「ほめること」「認めること」に心がけ，生徒の学習意欲を向上させる

● 前面の黒板周りの掲示物を整理するなど，授業に集中しやすい環境を整える

● 板書の仕方やチョークの色などを工夫して，学びやすい環境を整える

● 授業研究・授業観察等を実施し，常に授業改善を図る

ベテラン先生からの　アドバイス

　発達障害のある生徒が共に学ぶ通常学級における授業作りは，学校現場の喫緊の課題となっています。一人ひとりの学びの多様性に対応するためには，一斉授業だけや読み書き偏重の授業では，その課題を解決することはできません。そこで，授業内で個々に特化した指導方法の工夫が求められます。

　また，学習環境の整備も大切です。ユニバーサルデザインの視点からの学習環境の工夫により，一人ひとりの違いを生かす授業が創造できます。

　さらに高みを目指すためには，自らが授業研究を実施すると共に，他の先生の授業観察も実施し，常に授業改善を行っていくことが重要です。

（阿部　陽一）

Q41 障害があると思われる生徒の保護者に医学的な診断を受けるように勧めたら，拒否されてしまいました。どう対応すればよいでしょうか。

保護者へは，どのように勧めたらよかったのかな？

「一度，お医者さんの診断を受けてみませんか?」

「うちの子には，受診は必要ありません…」

どのように説明すればいいのかな?

A 生徒・保護者に寄り添い，まずは信頼関係を構築しましょう。

学校が生徒の「幸せ」を願い，誠実に対応した結果，保護者に拒否をされることはありますが，仕方がないことでもあると思います。保護者の立場からしたらショックだからです。

最初から，わが子の障害を受け入れられる保護者は，すでに保護者自ら医療機関を受診しているはずです。わが子の障害が受け入れられない，わかっていても受け入れられず葛藤している時期の保護者もたくさんいます。

そこで，学校としては，学校側の考えや提案を受け入れられなくても学校としての方針を保護者に提示するのか，または，生徒・保護者との信頼関係を十分時間をかけて構築してから提案するか，判断する必要があります。そして，学校としての方針を教職員に周知してから進めることが大切です。

保護者は，共感できる支援者が見つかったとき，わが子の障害を受け入れて，教師・学校の意見も受け入れられるようになっていくのだと思います。

その時期が小学校なのか，中学校なのか，あるいは高等学校なのか，さらには社会人になってからなのかは，保護者と生徒との関係性にかかっているかと思います。

しかし，学校教育の場では，どのような状況であれ諦めず継続してアプローチする必要があります。切れ目のない教育の提供と同時に，「個別の教育支援計画」を引き継いでいくことが重要です。

そして，学校だけで対応するのではなく，関係機関と十分に連携することも大切です。そこでキーパーソンになるのが特別支援教育コーディネーター，特別支援教室専門員やスクールカウンセラーです。学級担任だけが責任を背負うのではなく，学校の組織化を図り推進することが肝心です。

●医療機関を勧める手順の一例

①生徒・保護者との信頼関係の構築

「○○先生のいうことだから聞いてみよう」という関係になって初めて，信頼関係へと通じていくものだと心がけるとよいのではないでしょうか。

今ここで「伝えないといけない」と性急に責任感を感じ過ぎず，長期スパンで計画することが大切です。

②校内支援会議で検討し，役割分担する

信頼が得られたら，スクールカウンセラー，特別支援教室専門員，特別支援教育コーディネーター，養護教諭等と連携をし，どの立場の人が口火を切ったほうがより効果的かなど，事前に校内支援会議で検討することが大切です。

③主治医には家庭の許可のもと学校関係者も同行する

保護者と共に生徒の療育に関わり深めていくことを伝え，学校と家庭が同じ手立てで教育に関わることの大切さを説明し理解を求める。

保護者には，主治医への立ち会いや学校での様子の情報提供(状況報告書)することの許可を得ていくことが必要です。

④定期的に校内支援会議で内容と方針等の共有化を図る

学級担任や担当まかせにせず，必ず管理職の意思決定のもとで進めることが大切です。

学校対応は，原則，複数で行い「いった」「いわない」とならないように進めることが信頼を深めていくこととなるでしょう。どうしても単独の対応となる場合は，事前にメモを取る旨を伝えて進めるとよいでしょう。

ここがポイント　医療機関の受診を勧める際に

- 保護者と生徒が生きてきた中での苦しさや辛さを十分理解する

- 保護者の話を傾聴し，受け止めて信頼関係を築く

- 生徒の実態を共有する。障害があると思われる生徒だけではなく，学校全体で「認知」に関わる調査，読みのつまずきを把握する(MIM)などのアセスメントを取ることが重要である

ベテラン先生からの　アドバイス

以下にいくつかの「失敗事例」を紹介しますので，反面教師としてください。

- 「幸せ」と考える価値観は，先生・学校側と生徒・保護者とでは必ずしも一致しません。先生の価値観を強く押し出し過ぎて反発をされてしまいました。

- 障害に対して偏見があり，その自覚がない保護者や祖父母との対応のとき，学校側が相手について十分な理解と情報収集が

ないまま受診を勧めて拒否をされてしまいました。

- わが子に発達の遅れや凹凸があることに気づいていて不安を抱えている保護者に対して，配慮が不十分だったため反発されました。

- 保護者とのコミニュケーションに配慮を要する場合，口頭だけでなく書面等を用意する必要がありました。いくつかの選択肢を用意して，学校が強制するのではなく保護者が選択できるようにすべきでした。

(東京都教職員研修センター教授　戸田 純子)

Q&A／保護者／保護者対応

Q42 障害のある生徒の保護者から，学級の生徒の保護者全員に自分の子どもの障害を理解しておいてほしいと頼まれました。どう対応すればよいでしょうか。

保護者から「他の保護者にも障害者理解をしてほしい」と依頼されたが…。

「Aの障害について他の保護者にも理解してほしいのですが…」

「Aくんは，どう考えているの?」

「どんな伝え方をしたらいいのでしょうか?」

A 教師は「人は誰でも凹凸がある」ことを理解した上で，カミングアウトの是非を問うことが大切です。

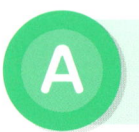

「わが子の障害について周囲に理解を求めたい」という保護者の思いをまずは受け止め，共生社会の実現に向けた取り組みの一つとして前向きにとらえましょう。その上で，保護者と当事者である生徒の気持ちを十分に聞き取ることが大切です。

●**保護者の考えを全面的に受け止め，次に進めるための対応**

①保護者はどんな理由で，周りに理解してほしいと思うようになったのかを聞く。

②両親と生徒が共通の気持ちになっているか。保護者の気持ちだけで先走ることがないように，生徒の気持ちもしっかり確認する。

③その上で，保護者はどこまで理解してほしいと考えているのか。具体的な内容まで聞き取ることができることが望ましい。

④障害名と障害について説明することを求めているのか，単に支援してほしい点を伝えてほしいのか聞き取る。

⑤説明時に，初めに口火を切るのはどの人（保護者自身，管理職，学年主任，学級担任）が適切か検討する。

⑥さらに，説明の時期，時間帯，場所を検討する。

⑦障害の理解を求める範囲については「学級の保護者」に限らず，学級の生徒への理解啓発が大切であることを伝える必要がある。

⑧生徒への理解啓発の場を設定する場合は，「道徳」「学級活動」「総合的な学習の時間」等の時間か，または朝礼，学年集会，ホームルーム等の時間に実施すべきか，管理職と相談する。

⑨生徒へ理解啓発の授業を行う場合は，どんな教材を誰が作成するのか，生徒・保護者の了解を得ながら，管理職とていねいに打ち合わせる必要がある。

●**個人の問題ととらえるのではなく，全体の人権尊重教育を重点とした学級経営をする**

①学級や学年及び学校には，支援が必要な生

徒が少なくとも 4.0％程度は在籍しているとされています。一人の生徒の障害者理解について「公」になったとき，同じようなタイプの生徒への影響が予測される場合には配慮が必要になります。

また，障害名がついているけれど，家庭や学校生活では大きなトラブルもなく過ごしている生徒も在籍しています。担当している学級集団を見極めて，学級担任として人権尊重教育を重点とした学級経営を進めていく必要性を当該保護者に理解してもらうことも大切です。

②また，周囲の大人に向けて，「障害は一つの個性」として理解啓発することを学校全体で取り組むことも必要です。障害の有無にかかわらず，生徒は学校教育や地域の中での体験を通して，小さな失敗をくり返しながらも人間関係や社会性を学び，よき大人になるために学んでいることをすべての保護者や地域の方々に理解していただくことも大切ではないでしょうか。

ここがポイント　障害者理解における保護者対応の基本

● 保護者の話を傾聴し受け止め，信頼関係を築く

● 生徒の実態を保護者と学校が共有する

● 障害について「公」にすることの意義を共有して進める

● 保護者には，学校は一人ひとりの生徒を大切にしていることを理解してもらい，「共生社会」の実現に向けて努力していることをていねいに伝えていく。そのことで保護者の不安は薄まることが期待できる

ベテラン先生からの アドバイス

一人の生徒の障害の有無の理解も大切ですが，現在の学校は様々な課題 (貧困，外国語，精神疾患，LGBT 等) を抱えており，支援が必要な生徒が多数います。その中で，一人ひとりの生徒のニーズや課題にていねいに対応する必要があります。

まずは，学校，学級として「人権教育」の徹底を図ることが学校の役割だと考えます。さらに，学級担任一人が抱え込むのではなく，学年や学校のチームとして組織的に以下のことに対応する必要があります。

①学校の教育目標の中に，人権教育を基盤として「一人ひとりの生徒を大切にする教育」を掲げる。

②教育目標と人権教育の年間計画を作成し，保護者，地域，関係機関に公表する。

③年間計画表や時間割表に定期的な情報交換の場 (校内委員会等) や時間の確保を明記する。

④校内の組織図とメンバーを明確にして，責任の所在を明らかにしておく。

⑤年度末には取り組みについて評価・見直しをする。

⑥一人の教師の課題は他の教師の課題として，校内フォルダーに実践（引継）資料として残し，今後の事例の参考にする。

⑦「当該保護者の思い」は担任が変わっても引き継がれるようにして，学校と保護者の信頼は深く長く継続していくようにする。

（戸田 純子）

 **Q 43** 障害のある生徒の保護者から，子どもの障害のことは絶対にみんなにいわないでほしいと要望がありました。どう対応すればよいでしょうか。

障害のある生徒の不適応行動が，周囲の生徒と保護者の間で噂になっている。

「先生，うちの子の障害のことは絶対にいわないでほしい」

学級の状況も，かなり心配な状況になっているし…

他の保護者からの要望も聞き入れなければならないし…

 **A** 「障害名」よりも，障害のある生徒との付き合い方や接し方を教えましょう。

生徒の健全育成を目指すとき，保護者との連携は欠くことができません。保護者からの具体的な要望にどのように応えるかを考える一方で，保護者との連携をうまく進めるためのレディネス（心理的な準備）が自分自身に備わっているかを確認し，レディネスを身につけることに心血を注ぎましょう。

●保護者との連携で教師に求められること

信頼関係	保護者に適切な助言をし，適切にフォローアップができているか。頼りがいのある教師と認識されているか。
コミュニケーション	保護者が教師と情報を共有したいと思えるように，教師が保護者に親しみを持って接しているか。傾聴を心がけ，一方的にならないように平易な言葉で表現しているか。
専門性	保護者が前向きな気持ちをいだいて子育てができるよう実現可能な目標を掲げ，家庭でも可能な取り組みを提案しているか。
敬意	保護者の強みを把握し，それを保護者との連携場面に生かしていく視点を持ち，保護者のがんばりを評価しているか。
献身	保護者の子どもに対する悩みや心情に共感しながら，相談に力を尽くしているか。
対等性	話し合いの場では，教師と保護者双方の視点を交えて検討しているか。
アドボカシー（支援）	保護者が抱えている子どもの問題を整理し，問題解決の糸口を示しているか。

●困難さを抱える生徒への適切な指導と支援

障害のある生徒に対して周囲の生徒や保護者の理解を得ようとするとき，一番の近道は「その生徒を上手に生活させること」です。その生徒を理解するということは，「どのようにすればその生徒が安定した学校生活を送れるか」を理解することですから，その生徒が頻繁に不適応を起こしていたのでは，周囲の理解は得られません。次の

視点で指導と支援を見直しましょう。

(1) 学校作り，授業作り

① バリアフリーな環境，ユニバーサルデザイン的な学校環境，インクルーシブ教育の実践

② わかる授業，ユニバーサルデザイン授業

(2) 本人への指導と支援

①「個別の指導計画」に基づく困難さを軽減する指導と支援

② 本人の困難さ，生活のしづらさへの対処法の習得に向けた指導と支援

● 生徒の相互理解

(1) 教師自身が障害のある生徒に対する接し方のお手本を示し，周囲の生徒が接し方の基本を学ぶ。

(2) 周囲の生徒の発達段階や経験を考慮しながら，互いの個性の違いや多様性について学ぶ。

(3) 本人の困難さに共感し，困難さが露呈しないような環境調整をする。

● 集団作り，組織作り

(1) 互いの個性の違いや多様性を尊重し，認め合うことができる集団作り

(2) 集団や学習のルールが身についた集団作り

(3) 互いに切磋琢磨し，高い専門性と教育に対する熱意を有する教師集団作り

● 保護者支援

(1) 子どもの育てづらさの共有と，家庭の役割，保護者の役割を果たし維持するための支援

(2) 子どもの困難さの理解と受容を促す支援

(3) 家族内の人間関係のバランス維持への支援

参考文献 柳澤 亜希子. 特別支援における教師と保護者の連携―保護者の役割と教師に求められる要件―. 国立特別支援教育総合研究所研究紀要 第 41 巻 .2014.

ここがポイント 「障害名の周知」についての保護者対応の基本

● 保護者と定期的に情報交換や教育相談をして信頼関係を結ぶ

●「障害名」をいわなくても相互理解を促すことはできる

● その生徒と上手に「付き合うコツ」「接し方のコツ」を日常のあらゆる場面で教える

● ふさわしい受容，理解を示した生徒を評価し，他の生徒と共有する

● 指導者が上手にかかわる姿を見せることこそが，すべての生徒の教科書になる

ベテラン先生からの アドバイス

私には，以下のような経験があります。障害のある生徒が学校で起こす不適応行動が，周囲の生徒を介して保護者にも広がり，

・保護者から「学級は大丈夫か」「授業は大丈夫か」「あのような生徒をみんなと一緒に勉強させていいのか」。

・トラブル相手の保護者からは，「あの生徒は発達障害ではないのか。他の保護者に説明するべきだ」との意見をいただきました。

私は周囲に理解を求めるために「障害名」を用いたことはありません。その生徒は「なぜ，そういった行動をとるのか」「どうしてほしいと思っているのか」「どう接するとお互いが理解し合えるか」を周囲の生徒と考え，時には教えることがその生徒の不適応行動を減らし，相互理解と双方の生徒の成長につながると考えるからです。

（大林 朋子）

Q44 障害のある生徒の保護者から，特別扱いしないでほしいと要望がありました。どう対応していけばよいでしょうか。

将来の自立や社会適応のために「今必要な」指導や支援があるのに…。

個別の配慮なしでは，今後が心配だ…

「本人もお母さんも困っていることはないですか?」

どう対応していけばいいの?

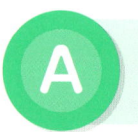

A 保護者の不安や不満，要求など言葉の裏にある本音に寄り添いながら，生徒の将来の自立や社会的に「今必要な」指導と支援に取り組んでいきましょう。

●保護者の戸惑いを見取る

「特別扱いをしないで」という発言の背景にある保護者の戸惑いは何でしょうか? 困っているという本音を見せないようにしていることが「特別扱いをしないで」という発言だと判断して，その発言の背景を見取ります。まず，その戸惑いは教師のどんな姿に対してでしょうか?「特別に見える支援をしている」という違和感でしょうか? 教師の言動に何かしらの主張的なニュアンスを感じたことによる心理的な抵抗感でしょうか? わが子の障害に対する受容への抵抗感でしょうか?

●保護者の戸惑いに寄り添う

保護者の戸惑いに対しては，それを否定したり，教師の思い通りに導いたりすることは避けるべきでしょう。保護者の戸惑いに寄り添うとは，保護者の今の思いに即して，保護者が受け入れやすい対応をすることだと心がけることです。特に子どもの障害の受容への抵抗感がありそうな場合には，細心

の注意が必要でしょう。受容されていることが望ましいですが，それは他力によって成しえるものではありません。

しかし，保護者の戸惑いに寄り添うことができれば，障害の受容への歩みを妨げず，さりげなく後押しすることはできます。「特別扱いしないで」という保護者の現時点での思いと，「必要な支援をする」という教師の思いの両立は可能です。

そもそも教師は支援をしているという事実を強調する必要はありませんが，支援が目立つ方法によってなされていないかどうかの点検はぜひ必要です。例えば，教師が授業中つきっきりになっているというような状況では，誰の目からも「特別扱い」に見えてしまいます。それによって，周囲の目を気にする年ごろであろう当該生徒の自尊心も痛むことがあります。

このとき，教師は「いつも困っているからしかたない」と主張したくなるかもしれませんが，それを

主張すれば、「私たちは生徒に支援をしてあげている」という気持ちが伝わり、保護者の心理的な抵抗感を喚起することになりがちです。

　教師は、全体を見ながら必要な場面を見極めて個別の対応をします。「教師は学級全体を指導しながら、必要なときには個別対応もする」という一般的な理解を自他ともに確立したいものです。「いつも特定の生徒のところにいる」ことはなく、必要なときに必要な人に支援しているのです。

　ここでジレンマになるのは、「この生徒にはいつも教師がつく必要がある」という教師の見立てです。事実がそうであったとしても、場面ごとの必要性に優先順位をつけたり、教師が離れられるような手立てを講じたりして、本人の自尊心への配慮を行うように努めたいものです。生徒本人にとって、支援が切実なときに必要な支援が得られる状況であれば、保護者も「特別扱い」との認識から解放されることでしょう。

●柔軟な指導を提供できる学校体制が必要

　生徒たちの個別の自立と社会参加を見据えて、その時々で教育的ニーズに的確に応える指導を提供できる、多様で柔軟な仕組みを整備した学校体制を作っていくことも必要です。生徒の成長を促すために必要なことを、今できうる条件の中で考え提供していくことで、保護者も「子どもにとって必要な学び」の大切さを理解し、安心して前向きに子どもの養育に邁進していくことができるようになると感じています。

ここがポイント　「特別扱い」を拒否する保護者への対応

● 保護者自身の戸惑いを見定める

● 保護者の戸惑いに寄り添う支援をする

● 個別の生徒の自立と社会参加を見据えて、教育的ニーズに的確に応える指導を提供する

● 「個別の指導計画」の作成・評価を通して、個別の指導と支援による改善を保護者と共有する

● 柔軟な指導ができる学校体制で構築する

ベテラン先生からの ▶ アドバイス

　「特別扱いはしないでほしい」と学校に要求する保護者も、その生徒の育ちを支える大切な支援者です。お互いに人間ですから、様々なタイミングが合わないことで話が上手くかみ合わないことがあります。

　「わかっていても上手くいかない状況」も互いに受け入れながら、学校全体のチームで連携を取りながら関わることで、保護者も支援チームの一員としての役割が明らかになり、よりよい関係性が生まれてくると感じています。

　生徒たちは、これからの時代を担う日本の大切な宝です。周りの人と共に幸せに生活する姿を目標にして、本人と保護者の希望を大切にしながら、個別の指導計画や教育支援計画を作成し、今身につけておきたいことをしっかり指導していきたいものです。

（滝田 充子）

Q45 発達障害のある生徒の保護者から，子どもの障害のことを他の生徒に話をさせてほしいと要望がありました。どう対応したらよいでしょうか。

「自分の子どもの障害について話をしたい」と保護者から申し出があったが…。

「お話の主旨はわかりました。学校でご相談しましょう」

「保護者から，こんな要請がありました…」

「Aさんについて，どのように説明すればよいでしょうか?」

A 保護者との信頼関係を築く中で，学校と保護者で足並みをそろえた協働作業で進めましょう。

発達障害のある生徒が在籍する学級においては，標題（タイトル）のような申し出は，学校と保護者が連携しての「協働」の取り組みとなるよい機会です。加えて，医療等の関係専門機関と学校が連携を図る絶好の機会ともいえます。

●**保護者と信頼関係を築き，話を傾聴する**

保護者は学校へのお願いをするにあたって，発達障害の特性や困難さについて学校へどのように伝えたらよいか，先生やクラスメイトはどのように受け止めてくれるであろうか，など様々な不安や思いを持たれていますので，まずは保護者と学校の信頼関係作りが大切となってきます。

保護者が学級で実際に説明をする当日まで，面談や打ち合わせなどの様々な準備と配慮が必要になってきますので，誠意を持ってていねいに対応することが大切です。そして，重要なことであるため母親のみならず父親の参加を働きかけることが必要です。学校でも職員の役割分担がある

ように，家族においても役割分担があるものです。保護者からは，ここまでに至った経緯や，これまでの学校の対応について感じていることを十分に話してもらい，傾聴することが必要です。

●**学校の対応の手順と「個別の教育支援計画」**

学校における保護者との対応窓口は，一般に特別支援教育コーディネーターが担うことになっています。学校では各教師に役割分担があるので，学校体制としてチームで取り組むことが大切です。保護者との面談時には，特別支援教育コーディネーターと学級担任のみではなく，副校長等の管理職を交えます。学校全体で見守り，配慮しているという姿勢を示すと同時に，学校職員間の共通理解を図っていくことが大切です。

保護者との話し合いの共通ツールとして，個別の教育支援計画が必要です。これを基に学習や生活面でがんばっていることや得意なこと，苦手なこと，配慮してきたことなどについて伝えます。

その際，保護者の話に理解を示しながらも，合理的な配慮として学校でできることと，できないことについてきちんと説明し，学校と保護者お互いが納得の上，合意形成ができるようにしていく対応が大切です。

●関係機関との連携と内容の吟味

説明するにあたっては，生徒本人に対し発達障害について告知していることが必要なので，本人に対し，いつ誰がどのような内容を伝えたのかについて，確認する必要があります。告知においては，医療等の専門機関を利用している場合，連携を図っていくようにします。

医療機関は，診断に至るまでの様々なアセスメントを実施しており，発達障害について周囲の人に伝える際には，どの程度の情報を，どの範囲で開示するのか，その情報を学校の授業場面や生活の場面でどのように活用できるのかなど，助言をお願いすることが大切です。これらは，生徒に伝える上においては重要なポイントとなってきます。

学級においては，対象が思春期の中学生ということから，説明を受け入れる素地となる「生徒どうしが互いに認め合う共感的な学級集団作り」と，無駄に刺激しすぎないよう理解しやすい伝え方を工夫することが大切です。

ここがポイント　他の生徒へ障害の説明をするために

● **信頼関係を基にした協働作業**
　保護者の自尊感情を大切にした肯定的な対応とお互いを尊重したやり取りが必要

● **傾聴姿勢と合意形成**
　思いの共感者として保護者の気持ちを受け止め，納得と了解を得る

● **校内組織の活用と充実**
　特別支援校内委員会におけるそれぞれの役割分担を明確にする

● **個別の教育支援計画の活用と専門機関との連携**
　保護者と具体的な支援内容を共有化し，特性に対する専門機関の適切な助言を活用する

● **生徒どうしがお互いのよさや違いを認め合える学級作りをする**

ベテラン先生からの　アドバイス

タイトルのような保護者からの申し出は，学校と保護者がチームとして取り組むよい機会です。申し出があったのは，学校を信頼しているからです。教師が学校生活における生徒の一番身近な支援者とすれば，保護者は家庭，地域生活における一番の支援者です。学級担任としては，保護者を共に歩むパートナーとして受け止めることが大切です。

対応においては担任一人にまかせることなく，特別支援教育コーディネーターを中心に校内における役割分担を明確化して，全校体制で対応しましょう。生徒それぞれが発達障害のある生徒の発言や行動の背景や関わり方を学ぶことを通して，学級全体が安心できる居場所へ変わってくるものです。

（三田 祐一）

Q 46 障害のある生徒の保護者から，担任に対して授業や集団作りへの配慮がないと苦情がありました。どう対応したらよいでしょうか。

自分なりには配慮しているつもりだけれど…。

学級のルールも作ったし…

一斉指導中でも配慮しているつもりだが…

必要なときには個別指導もしているし…

A 生徒の変容が保護者の信頼感につながります。

保護者は子どもの将来を諦めることは決してありませんが，子どもの障害を受け入れるまでには多くの苦悩と時間を要することを理解してあげましょう。

●保護者に寄り添い，要望に応える姿勢

保護者の苦情は自分の子どものことを思ってのことです。まずは話を共感的に聞きましょう。その上で，どのような配慮が必要か保護者と一緒に考え担任ができることを明確に示しましょう。

保護者の要望に対しては，必ず何らかのアクションを示し，文書等で残しておきましょう。話を聞いてもらうだけで不満を解消する保護者もいますが，たいていの場合は「子どものために何かしてもらった」という実績を求めます。

●一斉指導と個別指導

障害のあるなしにかかわらず，一斉指導の中で必要な配慮を受けて学習することが最も望ましい形です。障害があるからといって個別指導の形に

してしまうと，むしろ社会性が阻害されてしまうことになりかねません。生徒たちは集団の中で多くのことを学びます。一斉指導の中での適切なサポートを考えていきましょう。

●一人ひとりが力を発揮できる工夫

できる生徒やがんばっている生徒だけが存在価値があると思わせるような授業にならないよう，それぞれの生徒の得意な力が生かせる場を設定しましょう。必ずしもほめられる結果が得られない場合でも，そのプロセスでほめられるような仕掛けがあるとよいでしょう。同時に，手のかからない生徒も実は配慮を求めていますから，活動をスモールステップで設定することで助けられる生徒が多くいることを忘れないようにしましょう。

●チームで支援する体制

学級の生徒たちには一人ひとりに適した配慮が必要なことを説明しましたが，すべての生徒にマンツーマンで対応しなければならないということ

ではありません。ただし，支援の度合いが大きい場合，個別対応も必要な場合があります。そうした具体的な支援の内容や度合いについては学級担任だけでは判断できない，あるいは決定できないこともあります。学年の先生や教科担任，特別支援教育コーディネーターや管理職等を組織立て，チームで対応する体制が望ましいです。

【転校してきた自閉症スペクトラムの生徒の保護者から，支援の引き継ぎを要請された例】

幼少期から地域の療育センターで支援を受けてきた生徒ですが，転校前の学校ではその生徒に合った支援がなされており，多少のトラブルはあったものの，自分の学級で他の生徒と一緒に授業を受けることができていました。

転入先の学校にも，保護者から担任に配慮を箇条書きにして要請していました。学校では様子を見て配慮を検討することにしており，1ヵ月以上が経過しても何事もなく，安心して過ごしていた矢先，行事への参加拒否があり，それから教室で学習することが難しくなってしまいました。支援を先送りした結果，学校側は保護者の対応に追われることになってしまいました。

担任と保護者，管理職に外部の専門家も交え，適切な配慮と環境調整を検討し，学校や学級の実態に合わせていかに支援を構築していくかを協議しました。保護者から，うまくいっていたときの状況，現在の家庭での状態や学校側への要望を再度細かに聞いて，具体的な方策を検討しました。そこから，担任は本人の状態や学級の実態に合わせてできる形で支援を開始しました。

適切な支援の継続により生徒は安心して学級で生活することができ，その変容ぶりは担任の励みになり，さらなる支援へとつながり，保護者の不満は信頼感に変わりました。

ここがポイント　保護者に対応するときの心がけ

- 保護者が子どもの一番の理解者であることを信じて，訴えを真摯に聞く
- 保護者の家庭での対応を改めさせたり，要求したりしない
- 学校での当該生徒の様子は，プラス面 8 対マイナス面 2 くらいの割合で伝える
- 保護者と情報は共有するが，学校と家庭それぞれの立場で支えることを確認する

ベテラン先生からの　アドバイス

保護者が無理難題をいってきても，苦情と思わずに愛情の表れと好意的に受け取ってください。保護者は自分の子どもに期待し，その将来に夢を描いています。本人の実態からかけ離れていてできそうにないような要求をしてくることもあります。でも，それが学校においてもその生徒の目指すべき姿になります。

保護者の子どもの将来の目標がどんなに高くても，そこに向かっての第一歩を一緒に考えましょう。スモールステップでも着実に一歩一歩を踏み出していると，保護者が先生を味方だと認めるでしょう。保護者は，願いを聞き入れ目標に向かって支援を具現化した先生を信頼し，目標にほど遠い子どもの実態でも受け入れ始めるでしょう。

（菅原 慶子）

47

「個別の教育支援計画」について，保護者とどのように共有していけばよいでしょうか。

個別の教育支援計画は，どのように作ればいい？ 保護者へはどう説明しよう？

がんばって各計画を作ってはみたものの…

計画の内容がこれでいいのかちょっと不安…

保護者とどのように共有したらいいんだろう…

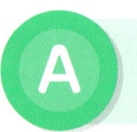
A 保護者の思いに寄り添って生徒の成長を共通理解することを基本とし，生徒の課題や支援内容，評価の一方的な説明は避けましょう。

●**本人・保護者の願いの聞き取りから始める**

「個別の教育支援計画」の保護者との共有は，生徒本人や保護者からそれぞれの願いを聞き取るときから始まっています。ところが，願いを聞き取るときに，私たち教師は障害のある生徒の学習上または生活上の課題を一方的に保護者に突きつけるような形で話を進めてしまいがちです。それでは，計画の共有どころか，そのスタート時点でつまずいてしまいます。

多くの保護者は，子どもが中学校に入学するまでの間に，既に小学校あるいは幼稚園等において様々な困難に向き合い，発達段階に応じた悩みを抱えながら今日にいたっていると考えられます。時には周囲の対応に傷ついたこともあったかもしれません。そのような保護者の子育ての歴史を受け止めた上で，中学校卒業後の生活を見据えた願いを聞き取るという姿勢が求められます。

また，障害のある生徒が一年生の場合，保護者の了解を得た上で，小学校のときに作成された個別の教育支援計画を引き継ぐことも重要です。中学校が作成する計画の内容が小学校のものとあまりにも乖離してしまうと，保護者が戸惑ってしまいます。

●**チームで計画を作成する**

個別の教育支援計画を保護者に初めて説明する際には，多かれ少なかれ「このような内容でよいのか」と不安があるものです。教科担任制である中学校において，障害のある生徒の実態を多角的に把握し目標を設定するためには，実際に指導している複数の教師からの情報収集が欠かせません。管理職の理解の下，チームで計画を作成する体制が望まれます。

●**支援内容について，ていねいに説明する**

学校では年に数回，学級担任と保護者との面談があります。その際に個別の教育支援計画の内容について説明したり，取り組み状況を報告し

たりすると思います。年度初めの面談では，関係機関での支援内容の確認や学校での支援内容の説明を行い，保護者の了解を得る必要があります。なぜこのような支援が必要なのかという根拠（実態把握の結果）を端的に説明します。その際，難しい専門用語はあまり使わないようにして，具体的なエピソードをいくつか挙げるとよいでしょう。それによって，普段から教師は生徒のことをていねいに観察し，理解しようと努めていることが伝わり，支援内容に対する保護者の納得感が高まります。

●日常的な情報共有とポジティブな評価を心がける

保護者による登下校時の送迎の際や連絡帳，学級通信など日常の様々な機会をとらえて，個別の教育支援計画に記載した支援による成果や成長した姿について情報共有します。「学校外の専門機関と共通理解のもとで関わることができ，また，

迷ったときには相談できるので心強いです」「年度当初からの積み重ねによって，自分で～できるようになりました。確かな成長ですよね」というようなポジティブな評価は，保護者の支えにもなります。

●計画の修正点について共通理解を図る

個別の教育支援計画は，一度完成したら終わりではなく，PDCAサイクルで見直し改善していくものです。見直しや改善においては生徒一人ひとりの発達の程度，適応の状況等を勘案しながら柔軟に見直していくことが重要です。

なお，個別の教育支援計画には合理的配慮を明記することが望まれています。この内容についても同様に，見直しや改善をしていきましょう。そして，新年度になったら，新たなバージョンの計画について，特に変更点とその理由を保護者にていねいに説明し，共通理解を図ります。

ここがポイント　　個別の教育支援計画の内容を保護者と共有する

● 保護者の子育ての過程を受け止めた上で，本人・保護者の願いをていねいに聞き取る

● 管理職の理解のもと，教科担任など関係職員のチームで計画を作成する

● 計画における支援内容は，設定した根拠も含めて保護者に説明する

● 各機関との連携の状況を含めた支援の経過や生徒のプラス評価を伝える

● 計画はPDCAサイクルで柔軟に見直し改善していき，その都度保護者と共通理解を図る

ベテラン先生からの　アドバイス

個別の教育支援計画は，保護者と共に作成します。この計画は，学校と学校外の支援機関との連携のためのツールです。教師と保護者が確認・共有すべき第一は，生徒の生活を支える学校及び学校外の支援機関に関する基礎情報です。第二として，教師と保護者が生徒の支援目標とその実現に資する連携内容を確認します。例えば，学校生活の安寧を

目標とし，これを支える医療や福祉的な対応をする必要がある場合，協働すべき内容，共有すべき情報は何かを考えます。この営みは，教師と保護者の協働そのものです。

同時に，個別の教育支援計画は生徒の生育歴の記録でもあります。紆余曲折や様々な葛藤はつきものです。その都度，先生と保護者が真摯に手を取り合い生徒の生育に伴走してきたことも，大切な記録といえます。

（青森県総合学校教育センター指導主事　森山 貴史／岩手大学大学院准教授　佐々木　全）

Q48 「個別の教育支援計画」や「個別の指導計画」について，医療機関とどのように共有していけばよいでしょうか。

> 定期的に通院している生徒がいる。主治医の助言を聞いたほうがいいかな…。

当校には，定期的に通院している生徒がいる

そもそも医療機関との連携があまりできていなくて…

生徒の主治医とやり取するときに留意すべきことは?

A 個別の教育支援計画や個別の指導計画を医療機関と共有する目的を明確にして，必要な情報を得られるようにしましょう。

●主治医との情報共有は保護者の了解を得る

「個別の教育支援計画」や「個別の指導計画」は，生徒の個人情報が数多く含まれています。それらを関係機関と共有する場合には，保護者の了解が不可欠です。個別の教育支援計画は，関係機関間の情報共有の支援ツールとして大きな力を発揮しますので，できれば計画の作成段階で生徒の主治医と共有してもよいか，保護者の了解を得ておくとよいでしょう。

●主治医との無理のない連携方法を検討する

病院に隣接していて，病気療養中の生徒の教育を行っている特別支援学校では，定期的に学校と医療関係者が連携会議を行うなど医療との連携が密に行われています。このような特別な環境でなければ，担任が生徒の主治医と直接的に情報をやり取りするのは難しいものです。もし，医療との連携で困っていることがあったら，特別支援学校（病弱）に相談することをお勧めします。

実際の連携では，担任が聞きたいことを保護者に事前に伝えておき，生徒の通院時に主治医に聞いてもらうことが多いでしょう。その際，担任は生徒の学校での様子を記録した文書を用意して，保護者から主治医に渡してもらう方法も有効です。また，医療機関によっては，担任が生徒の通院に帯同して，指導・支援について医療面からのアドバイスを直接もらうこともできます。

●教育支援・指導計画の共有目的を明確にする

医療機関と教育支援・指導計画を共有する場合には，どの項目についてアドバイスがほしいのか，あるいは知っておいてほしいのかなど目的を明確にする必要があります。その際は，医療機関が有する専門性に留意します。例えば，「このような学習指導の目標でよいでしょうか?」と質問しても，それは教育の専門性に関わる内容であり，主治医への質問としては不適切です。

医療機関へ確認する項目としては，学校行事に

おける病状への配慮事項や薬の副作用と思われる症状への対応方法，病気や障害特性の理解を促すための手立てなどが想定されます。医療の専門性に関わる内容について，情報共有することが目的となります。

●得られた情報は養護教諭とも共有する

生徒の主治医から得られた情報は，養護教諭とも必ず共有しましょう。校内で生徒の健康管理及び健康教育を担っている養護教諭と密に連携することで，担任が見落としがちな「心身の健康」という視点から見た生徒の実態に気づいたり，よりよい指導上の配慮を考えたりすることができます。

また，健康面のことで主治医とやり取りするときは，内容によっては養護教諭に対応してもらったほうがスムーズに話が進む場合もあります。他項でも述べられているとおり，障害のある生徒への支援を充実させるためには，チームで検討し対応することがとても重要です。

●必要があれば計画を修正する

生徒の主治医と両計画を共有する中で，計画の修正が必要になることもあるかと思います。その際，計画修正の根拠として，主治医からの意見を付箋紙などにメモして，計画をとじているファイルに貼り付けておくことをお勧めします。

新年度に次の担任に計画を引き継ぐ際にも，大事な情報となります。なお，計画の修正を行う場合は，保護者との共通理解を図り，了解を得ておくことも忘れないようにしましょう。

ここがポイント 　**学校と医療機関との連携**

● 個別の教育支援計画と個別の指導計画を医療機関と共有する場合は，保護者の了解が不可欠。計画の作成段階で生徒の主治医との共有を確認する

● まずは生徒の主治医と無理なく連携する方法を検討する。困ったときは特別支援学校の特別支援教育コーディネーターなどに相談する

● 医療の専門性に留意した上で，計画を共有する目的を明確にする

● 生徒の主治医から得られた情報は養護教諭とも共有し，密に連携する

● 必要なら計画を修正する。修正の根拠として，主治医からの意見は記録する

ベテラン先生からの ▶ アドバイス

医療機関との連携は，生徒の医療的ニーズに応えると共に，教育的ニーズによりよく応えるためのものといえます。健康状態に応じて学習活動が進められますから，医療と教育のニーズは密接な関係にあります。そこで，学校は医療機関から情報を受信するだけではなく，学校における取り組み状況について情報発信することで連携を深めましょう。

例えば，主治医から「様子を見ましょう」と経過観察の指示を受ける場合には，教師と保護者は必ず観察すべき事項と期間などを確認して，次回連絡すべき内容とします。特に，服薬状況の把握や薬効評価のための行動観察記録などは，薬を処方する上で主治医にとっても貴重な情報です。

医療との連携に関する記録が計画書に収まり切らない場合には「別添資料」としましょう。

（森山 貴史／佐々木 全）

Q49 「個別の教育支援計画」や「個別の指導計画」について，放課後等デイサービスとどのように共有していけばよいでしょうか。

放課後等デイサービスでは，どんな取り組みをしているのかな？

放課後等デイサービスを利用している生徒がいる

福祉サービスのことはあまりわからなくて…

どのような連携の仕方があるかな?

A 学校とデイサービス相互の連携会議を実施したり個別の支援計画を共有したりして連携を推進し，一貫性のある支援を目指しましょう。

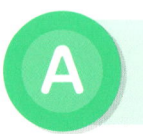

●生徒の生活をトータルで考える

私たち教師は，学校以外の生活の場における支援について見落としてしまいがちです。一見，学校での支援によって生徒の変容が促されたように見えても，実は放課後や休日における生活の充実が大きく影響していることがあります。

例えば，親の会などの支援グループによる放課後活動や休日活動に参加している生徒の中には，そこで出会った仲間や支援スタッフが心の拠り所となっていて，次の活動に参加することを励みに学校生活をがんばっているケースがあります。このように，生徒の生活をトータルで考え，学校での支援を検討する必要があるのです。

●放課後等デイサービスとは

近年，放課後等デイサービスが急速に広がってきています。放課後等デイサービスとは，児童福祉法を根拠として，学校通学中の障害のある児童生徒に対して，放課後や夏休みなどの長期休業中において，生活能力向上のための訓練等を継続的に提供することにより，学校教育と相まって障害児の自立を促進すると共に，放課後等の居場所作りを推進する事業です。

主に6歳から18歳までの障害のある児童生徒を対象としていますが，利用に際して療育手帳や身体障害者手帳は必須ではありません。各自治体が発行している受給者証が必要になります。サービス内容は，ソーシャルスキルやライフスキルを育てるための支援，認知特性を踏まえた学習支援，余暇活動支援など事業所によって実に様々です。学級に放課後等デイサービスを利用している生徒がいる場合は，サービス内容や利用者の実態などを把握しておく必要があるでしょう。

●連携調整役は特別支援教育コーディネーター

中学校では，学級担任の業務が多岐に渡り，時期によっては関係機関との連携に割く時間を捻出するのが難しい場合もあるでしょう。そのため，

学校・放課後等デイサービスの双方の事情を把握している特別支援教育コーディネーターに連絡調整役を担ってもらうことが有効です。担任による個人レベルでの連携ではなく，特別支援教育コーディネーターが中心となって学校としての組織的な連携を進めるための体制構築が重要です。

●必要に応じて連携会議を実施する

在籍児童生徒の多くが放課後等デイサービスを利用している特別支援学校の中には，必要に応じて放課後等デイサービスの職員と連携会議を実施している学校があります。中学校においても，生徒の実態によっては早期に連携会議を実施して，支援方法等について迅速に共通理解を図ったほうがよいケースもあるでしょう。その場合，会議の目的を明確にして，資料の共有で済む内容と協議が必要な事項を整理しておくと，短時間で有意義な情報交換ができると考えられます。

●教育と福祉が相互の支援計画を共有する

今日，教育と福祉で相互の個別の支援計画を共有し，生徒のニーズに応じた一貫性のある支援の提供が望まれています。そのため，前出のような連携会議の際に，保護者の了解を得た上で，学校が作成する個別の教育支援計画や個別の指導計画と放課後等デイサービスの事業所が作成する個別支援計画の内容について参照し合い，支援に関する認識のズレがないか確認しておきましょう。

また，保護者も連携会議に出席する場合には，「サポートファイル※」などを持参してもらい，学校や事業所の個別支援計画と併せて確認することで，さらに共通理解が深まります。

※サポートファイルとは，保護者が病院，福祉施設，保育園，学校等で受けた支援内容などについて記録・保管することができるファイルで，各自治体が作成・配布している。名称や内容は自治体によって異なる。

ここがポイント　学校と放課後等デイサービスとの連携

● 放課後や休日など生徒の生活をトータルで考え，学校での支援を検討する

● 放課後等デイサービスのサービス内容や利用者の実態などを把握する

● 特別支援教育コーディネーターが中心となって，学校の組織的な連携体制を構築する

● 必要に応じて放課後等デイサービスと連携会議を実施し，支援方法等の共通理解を図る

● 相互の個別支援計画の内容を共有し，生徒のニーズに応じた一貫性のある支援を目指す

ベテラン先生からの　アドバイス

学校生活を精一杯取り組んだ生徒が，放課後等の時間をどのような場でどのような活動を，どのような思いで取り組んでいるのかに思いを巡らせることがあります。そのことにより教師は，教育分野の専門家である自己とは異なる福祉分野の専門家の取り組みやその価値を知ることにもなります。

放課後等デイサービスは事業所ごとに特性がありますが，家庭のような生活の場や学校のような教育の場としての機能，地域資源として独自の機能を果たします。生徒の生活において，学校と放課後等デイサービスの機能がそれぞれどのような役割を担っているのかを把握すればこそ，効果的な連携が見いだせることでしょう。

（森山 貴史／佐々木 全）

資 料 編

実際に学校現場で活用したり
参考にしたりできる資料を示しました。
すべての生徒を対象とした障害者理解教育や
保護者会での障害者理解教育の展開例,
校内での特別支援教育体制の構築例,
校内委員会や事例検討会の開催例,
学校での障害者差別事象・判例などの
対応例を解説しています。

1 障害者理解教育の指導案例

「共生社会」を目指すためには，障害のない人が障害や障害者について理解することが必要です。障害のある人は，日常生活や社会生活を送る中で，不便なことや困難に感じていることがたくさんありますが，周囲の人の理解やサポートがあれば，不便さや困難さを感じないで済むことがあります。

2017年に中学校の新学習指導要領が告示されました。今回の改訂では，特別支援学級等のことが総則に位置づけられたことで，特別支援学級等の担任だけではなく，校内の先生方が特別支援について深く理解していくことが求められています。また，2016年に障害者差別解消法が施行され，障害があることを理由としての不当な差別扱いが禁止され，障害者の事実上の平等が促進されました。これにより公立学校では合理的配慮の提供が法的な義務となり，特別支援教育は今急速に変化する時期を迎えています。

学校では，共生社会の実現に向け活動や取り組みが行われています。特に，交流及び共同学習は学校の教育活動全体を通じて，計画的，組織的に行うと共に，地域の人々などと活動を共にする機会を積極的に設けることが求められています。交流及び共同学習は，障害のある生徒の自立と社会参加を促進すると共に，社会を構成する様々な人々と共に助け合い支え合って生きていくことを学ぶ機会となり，ひいては共生社会の形成に役立つものと考えられます。

学校での共生社会実現には，障害のあるなしにかかわらず，生徒が共に学び合えることが不可欠です。それには，障害についての正しい知識や支援が必要となります。ここでは，障害者理解教育について触れてみたいと思います。

●障害者理解教育の目的

・障害者理解の考え方によって，共生社会の実現を目指すこと。

・障害者理解を推進することで，周囲の人が障害のある人とない人が共に学び合うことで公平性を養う。

●障害者理解教育の配慮事項

・生徒の発達段階に応じた内容―生徒の学年により，ねらいを明らかにし計画的発展的に行う。

・障害に関する正しい知識を伝える―授業では，障害に配慮することについてイメージできるように工夫する。

・障害を肯定的にとらえられるように，障害についてのマイナスのイメージを持たないように伝える。

・障害を身近なものとしてイメージしやすいように，障害の具体的な教材を準備する。みんなで討議する時間やふり返りの時間を確保し，自分の問題として意識できるようにする。

・体験を経験や知識につなげる―障害のマイナスだけが強調されるのではなく，どのような工夫や支援が自分でできるかを考えさせ，今後の支援行動に結びつける。

○○中学校　道徳　障害者理解　学習指導案

日　時　　令和○○年○月○日　5校時
場　所　　体育館
授業者　　○○　○○

1　活動名	相手の気持ちになってみよう　　　　〜障害者理解〜

2　目　標	・障害のあるなしにかかわらず，生徒が共に学び合える公平性を養う。 ・障害について知ると共に，障害のある生徒との関わり方を知る。 ・相手の気持ちに寄り添って行動する大切さを知る。

3　学　習 　　　　学習活動	期待する姿	手立て・留意点
障害のある人を紹介する。 映像を見る。	・自分の行動との違いについて知る。 ・障害のあるなしにかかわらず，これから学校生活を共にする生徒の人権と個性を尊重することができる。	・見通しが持てるように，本時の内容を伝える。 ・交流及び共同学習が行える学習環境を構築できるようにするために，障害について肯定的にとらえられるように配慮する。
障害のとらえ方について知る。 ・障害について考える。 ・障害についての話を聞く。	・障害を身近のものとしてとらえる。 ・障害の特性を知り，工夫していることを理解する。	・障害についてとらえ方や考え方を共通理解できるように，生徒に発表してもらう。 ・障害がマイナスイメージとならないように，肯定的な伝え方を意識する。
障害の特性について調べる。 ・知的障害 ・自閉症 ・発達障害　など ・障害について正しい知識を知る。 ・パラリンピック選手などのすばらしい点を知る。	・障害のある人の困り感を知ることができる。 ・どのような関わり方ができるか考える。 ・障害のある人へ自分でどのようなことができるか考える。 ・身近にいる障害のある人のすばらしい点を見いだすことができる。	・障害に関する図書の紹介やネットでの調べ方を伝える。 ・スムーズに学習できるようにペアやグループを決めておく。 ・障害があるが，そのことを乗り越え努力していることを知らせる。また，障害のある生徒のよさを気づかせる。
まとめをする。 ・自分の感想や意見をまとめる。 ・班で話し合う。	・自分が調べたことを通して，何ができるかを考える。 ・障害のある人の気持ちを考え，今後どのように行動すればよいかを話し合う。	・ふり返りシートを利用してまとめやすくする。 ・日常場面で本時の体験から学んだことを実践できるようにふり返える。
・発表する。	・本時の感想と障害のある人への支援のあり方について発表する。 ・誰かのために主体的に行動することの大切さを知る。	・考えを共有するために，代表生徒に発表させる。

資　料　編

（加藤　明）

2 保護者会での障害者理解教育の例

障害のある生徒とその保護者，また，周囲の生徒とその保護者にとっても学級はよい環境であることが大切です。そのためには，保護者会などを活用して障害のある生徒への具体的な支援策を伝えて，理解を得ることが重要です。

1.保護者の思いをくみ取り，教師の思いを伝える大切な機会が保護者会

インクルーシブ教育を進めていく中で重要なことの一つとして，関わる「すべての人にとって」よりよい教育，環境であるということが挙げられます。例えば，障害のある生徒が中学校に入学したとして，もしそこで十分な理解，対応がなかったとしたら，そこは適切な学びの場とならないかもしれないし，保護者にとっても大切なわが子をあずけることに不安が大きいでしょう。また，忘れてはいけないのは周囲の生徒たちやその保護者にとっても，インクルーシブ教育が「あってよかった」ものであるかということです。

インクルーシブ教育がうまくいかなかった例としてしばしば挙げられるのは，障害のある生徒のニーズへの対応に夢中になっていたら，他の生徒の保護者からクレームが来てしまったというものです。「先生はあの子にばかりかまっていて，うちの子はないがしろにされているのではないか」，「あの子がいるとクラス全体の進度に遅れが出るのではないか」，「世話係に任命されて困っている」などという意見が出てしまうと，教師と保護者との信頼関係がほころびかねません。

障害のある生徒に対しての理解が得られず，生徒どうしの関係性も築きにくくなる可能性があります。そのような厳しい意見は決して差別的な考えから生まれているのではなく，それぞれが大切なわが子をしっかりと見てほしいという切実で当たり前の願いから来ているのだと受け止め，対応

していく必要があります。

では，どのようにすれば「すべての人にとって」よりよい学級を作っていけるのでしょうか。もちろん，大前提として教育委員会や管理職も含めて学校全体でどのような対応ができるのか，あるいはできないのかということを障害のある生徒・保護者と話し合った上で，学校側の体制を整えることが必要です。

それには施設整備などのハード面だけでなく，教師の障害者理解，対応についての研修などのソフト面，必要に応じた人的配置なども重要でしょう。教師の中に迷いや疑問があれば保護者にも伝わってしまいますから，十分な理解が欠かせません。特に中学校では，教科担任制になることで，学級担任とはいえ担任している生徒と過ごす時間は実はあまり多くありません。また，生徒の姿は教科等によって驚くほど違っていることもあります。教科を担当している他の教師とも日ごろから情報交換が不可欠です。その上で，双方の保護者の思いをくみ取り，教師の思いを伝える大切な機会が保護者会です。

2.すべての生徒を大切にしていること，お互いによりよい学びになっている様子を紹介する

それでは，保護者会でどのような理解教育を行うことができるのか，パターンに分けて考えてみましょう。まず，生徒・保護者から合理的配慮の申し出があった場合です。当該生徒の様子や配慮事項について，他の生徒の保護者の理解を得

たい場合，保護者会の場を利用して話し合うことができます。

　担任や特別支援教育コーディネーターが説明することもありますし，当該生徒の保護者が話すこともあります。保護者会で伝えてほしくない個人情報もあるかもしれませんから，どのような内容を伝えるのか，事前にお互いに確認しておきましょう。必要に応じて，参考になる資料を紹介することもよいと思います。このときに大切なのは，「一方的な押しつけにならない」ようにすることです。不安なのは当該生徒の保護者だけでなく他の保護者も同様ですから，不安な点を挙げてもらうとか，学校で実施している対応策を伝えるなどして安心してもらえるようにしましょう。

　場合によっては，無記名のアンケートを活用すると本音を伝えてもらえるかもしれません。また，ふだんの生徒どうしの様子をしっかりと伝えることで，一人ひとりを大切にしていること，共に生活することでお互いにとってよりよい学びとなっていることを伝えるのもよいと思います。

3.具体的な支援方法まで伝える

　次に，具体的に配慮要請はないけれども気になる生徒がいるという場合です。教師としては気になる生徒がおり，できる範囲の配慮を始めているけれども，当該生徒の保護者からの理解が得られ

ていないなどのケースも含みます。このような場合には，全体に対して障害についての基礎的な知識を話し，どのような支援が用意されているのかを伝えます。例えば，発達障害は個人の性格や環境のせいにされてしまい，誤解されることが少なくありません。実は，本人もどうしていいかわからなくて困っていること，適切な支援を受けることでその生徒らしく成長していけることを伝え，それを支えるための仕組みが学校や医療，福祉にあることなどを地域の実際のリソース（施設）を紹介しながら伝えます。

　ここでのポイントは「具体的な支援法まで伝える」ことです。生徒の「困り感」に気づいてもらうことはとても大切ですが，そこで止まってしまうと保護者も一緒に困ってしまいます。また，悪い面ばかり印象づけてしまう雰囲気になるのもよくありません。生徒が困っているかもしれないと思ったらだれに相談すればいいのか，どこに行けばいいのかまで具体的に伝えましょう。さらに，もし実際に支援を受けるとしたらどのような方法があるのかも伝えておくと，保護者にとっても見通しが持ちやすくなります。

　以上のことは気になる生徒がいない学級や学校全体でも，予防的に実施することも効果的です。保護者がわが子に対して「あれ?」と思ったときに，一人で悩まずに学校に相談したり，他の生徒への支援に対しても，「そうしたほうがいいよね」とスムーズに理解したりしやすくなることが期待できます。学校全体としてどのような教育を行いたいと思っているのか，そのためにどのような取り組みを行っているのか，また，学校以外の地域のリソースもあり，チーム学校として生徒たちを支えていく体制があることを伝えます。

　障害のあるなしにかかわらずすべての生徒にとって，同時にすべての保護者にとって学校が楽しく安心して学べる場所であるべく努力をしていることを知ってもらいましょう。その上で，保護者の理解と協力を得ながら，よりよい学校を作っていくことができるのではないかと考えます。

（筑波技術大学障害者高等教育研究支援センター講師　大鹿 綾）

3 個別の教育支援計画例

「個別の教育支援計画」はどのような位置づけのもので，どのような内容を盛り込んだらいいのでしょうか。また，主体的にはだれが作成するのでしょうか。

1.「個別の教育支援計画」とは

個別の教育支援計画は，学校が主体となり他機関との連携を図るための長期的な視点に立った支援計画であり，児童生徒一人ひとりの乳幼児期から学校卒業後まで，一貫して的確な支援を行うことを目的として策定されます。

この計画は，教育，福祉，医療，労働等の関係部局が長期的に連携協力するためのツールでもあり，本人と保護者の願いを基に関係機関と連携協力して作成・実施・評価をしていくことが重要です。また，成長の節目ごとに他機関への引継資料の役割を持つところが「個別の指導計画」と異なるところです。この計画は，まず就学時に作成されることが多く，名称は「支援シート」「支援ファイル」など異なる場合もあります。様式は，保護者・地域の関係部局が共有していくものであるため，それぞれの地域で定めたものを活用することが望ましいです。

2.個別の教育支援計画の作成手順

①過去に個別の支援計画を作成していた場合にはその内容を確認しつつ，保護者と共に今まで生徒に関わってきた教育・医療・福祉等の機関名や情報を整理して中学校段階での案を作る。

②支援会議等を設定し，保護者や他機関と案の内容を確認し策定する。その際，本人・保護者，策定した機関の代表者に，それぞれ内容を確認した旨のサインをもらう。

③策定した書面を保護者・各機関で共有する。

④年度ごと，あるいは内容の変更があったときなどに支援会議を開き，各機関からの情報交換・年度の評価・次の目標設定などを行う。

3.個別の教育支援計画例（次頁）

4.インクルーシブ教育で大切なこと

事例は，障害のある生徒の中学校段階の個別の教育支援計画例です。小学校から引き継いだものはそのまま添付しています。支援機関や担当者を確認し，新たな支援の情報を盛り込むことが重要です。

支援会議には関係諸機関の代表者か担当者が全員出席することが望ましいですが，日程調整が難しい場合には，書面を通しての確認や電話等で情報交換を行って作成していく場合もあります。保護者・関係者の連携のツールとしての機能を最優先し，学校がリーダーシップをとって情報共有をしていきます。

大切なことは，保護者や本人が作成に加わることです。「学校教育法施行規則の一部を改正する省令の施行について」（2018年8月27日付通知文）に，「本人・保護者の意向を正確に把握すること」が明示されました。個別の教育支援計画は，本来，他者から与えられるものではなく，本人や保護者が作り上げていくものです。学校教育を受けている間に，この計画が自分自身の支援の記録であり今後の大切な計画となることを教えていく必要があります。

個別の教育支援計画例

令和○○年度作成

本人	フリガナ	○○○○		性別	生年月日	
	氏名	○○○○		○	○○年○月○日生	
	住所	○○○○		保護者氏名	○○○○	
				緊急連絡先	○○○○	
	障害名や障害の様子	アスペルガー症候群		愛の手帳	度	(令和 年 月交付)
				身体障害者手帳		(令和 年 月交付)
学校	○○市立○○中学校			校長名	○○○○	
				担任名	○○○○	

1 学校生活への期待や成長への願い

本人から
　将棋の部活で活躍したい。
　図書室にある歴史の本をたくさん読みたい。

保護者から
　好きな歴史・将棋・漢字を伸ばしてやりたい。将棋の大会，漢字検定に挑戦させたい。
　この子の個性を理解してもらえる友達を作らせたい。

2 現在のお子さんの様子

　学校では，国語・社会を中心に，積極的に発言し，みんなの手本となっています。
　友達の発言を聞くこともできるように，声かけをしています。
　家では，インターネットで将棋の対戦に集中
　部屋にこもりがちなので，家族で一緒に食

3 支援の目標

　・本人の得意なことをみんなで認め合うこと
　　参加できる時間を増やしていく。
　・大人だけでなく，友達との関りの機会を増

学校の指導・支援

・本人に柔軟に対応できるよう学習支援員を
・静かに落ち着きたいときは，図書室で過ごす
　している。
・通級による指導の入級を勧めている。

令和○○年度作成

4 支援機関の支援

在籍校	○○年度	○年○組　担任　○○○○ 支援員　○○○○(週○日) 　学級内全体の支援として対応する。 　個別には，図書室の自習コーナーで支援する。 SC　○○○○(○曜日) 　必要に応じて本人や保護者の相談を受ける。 養護教諭　○○○○　医療との連携窓口 特別支援教育コーディネーター　○○○○
医療機関	○年○月から	○○クリニック（TEL……　担当○○医師）5年生から投薬開始
療育センター	○年から○年まで	○○センター(TEL……当時の担当○○)現在は通っていない。
保育園	○年～○年まで	○市立○保育園　就学支援シートあり(別添)
小学校	○年～○年まで	6年次の状況 支援員　○○○○(週○日) 特別支援教室担当　○○○○　SSTを週1回程度行った。 SC　○○○○(保護者の相談窓口) 養護教諭　○○○○　医療との連携窓口 特別支援教育コーディネーター　○○○○

5 支援会議の記録

年月日	参加者	協議内容・引継事項
令和○年○月○日	保護者・小学校(…)・中学校(…，…)	・小学校との引き継ぎ。就学支援シート・個別の教育支援計画の引き継ぎを行い，新たに今年度の支援体制の確認，願いや目標を確認・設定した。

6 成長の様子(年度末に記入)

7 来年度への引き継ぎ

以上の内容について，確認しました。

令和○年○月○日

保護者　　　　　　　　　　　氏名　○○　○○

学校　　　○○市立○中学校　校長　○○　○○

(聖徳大学大学院教授　太田 裕子)

4 個別の指導計画例

「個別の指導計画」は，だれがどんな項目を設定して立案・作成していくのでしょうか。また，作成した個別の指導計画表はどのように活用するのでしょうか。

1.「個別の指導計画」とは

インクルーシブ教育の場面において，支援が必要な生徒に意図的・計画的な指導を継続して行っていく場合には，特別支援教育コーディネーターを中心に個別の指導計画を校内委員会で検討・作成していくことが望ましいです。特に中学時代は，教科担任制となり多くの先生が授業に関わるようになります。

個別の指導計画の作成は，学校全体の特別支援教育の体制を構築するだけでなく，専門的な助言または援助を共有する場（ツール）としても有効です。さらに，個別の指導計画を作成・実施することで，生徒の変容や事後の評価もしやすくなります。

個別の指導計画の様式は特段の定めはありません。次頁の個別の指導計画は中学校の通常学級における例ですが，各学校で活用しやすいように工夫することができます。

2.個別の指導計画の作成手順

①小学校での過去の個別の指導計画がある場合には，それを参考に対象となる生徒の実態を的確に把握する。

②合理的配慮や指導すべき課題を整理する。

③具体的な指導目標を設定する。

④指導目標に基づいて，各教科等の具体的な支援や指導の方法を設定する。

⑤支援や指導の結果を評価し，次に生かす。

3.個別の指導計画例（次頁）

4.インクルーシブ教育で大切なこと

事例は，中学校で通級による指導を受けていない生徒の個別の指導計画例です。インクルーシブな教育環境にあっては，障害のある生徒の発達段階により，課題が重篤化したように見える場合があります。

そのような場合には，目標設定をスモールステップで具体的なものとし，障害のある生徒や保護者が意欲を持って学校生活を過ごすことができるように，支援や指導の工夫をしていく必要があります。

個別の成長を確認することが難しい通常学級の中でも，個別の指導計画を持つことで自己の成長を実感でき，達成感や自信を持たせることができます。インクルーシブ教育においてこそ，個別の指導計画を作成・活用していくことが求められているのです。

個別の指導計画に記載する目標は，生徒自身の学習へのモチベーションにも深くかかわります。自分の立てた目標があるからこそ，がんばって達成したいと思い，「この学級で勉強したい」と元気に毎日登校できるのです。また，周りの友人も，その生徒の目標が明確であるからこそ，応援ができるのです。

目標はすぐに達成できなくとも，そのがんばる姿を応援する学級集団が生まれてきます。個別の指導計画の目標は「教師や保護者が与える」のではなく，生徒自身が考え設定していけるように，「支援していく」ことこそが大切なのです。

個別の指導計画例　1学期用

	1年○組　氏名○○○○	担任　○○○○	コーディネーター等　○○○○
気づき・思い	担任より ・小学校時代からの理解ある友達を同じ組になるように配慮した。新しい学級での新しい友達の戸惑いが，人間関係のトラブルのもとになっている。 ・道徳や障害者理解教育などを充実し，安心して学校生活ができる環境を整えたい。		
	保護者より ・障害のことを保護者会で他の保護者に話して，理解してもらうようにしたい。 ・新しい友達にも理解してもらうように保護者を通してお願いしたい。		
	生徒より ・大好きな友達と違う学校になったので，さみしい。将棋をがんばる。		
優先課題	現状	具体的な配慮・支援・指導	評価
	・得意なことは，自慢をしたり他の友達を責めたりする。 ・書く活動が乱雑。 ・感情の起伏が激しく，友達とトラブルが多い。	・理解ある友人をグループにするなど，障害を理解し受け入れられる学級環境を作ると共に，相手を気遣う話し方を指導している。 ・落ち着かないときには，図書室や教育相談室で過ごす。	・理解してもらえる友達が増えた。 ・感情をコントロールしたり，友達との関わり方を学ぶために，通級による指導を勧めている。
教科学習等	教科学習等の状況	具体的な配慮・支援・指導	評価
	国語 ・文章は書くが文字が乱雑。	iPadの導入	・iPadの活用で文章を書くことに意欲的になった。
	数学 ・計算が速いがノートをきちんと取らない。	iPadの導入	・図形や論証の問題にも意欲を持って取り組むようになってきた。
	体育 ・苦手なものを避ける。	・勝ち負けにこだわらないように声かけで配慮。	・体力テストでは，握力が強く自信を持った。
	その他		
生活	現状	具体的な配慮・支援・指導	評価
	・係の活動をめぐってトラブルがある。	・係活動のときにも支援員がつくようにする。	・トラブルが減ってきた。
家庭等	現状	具体的な配慮・支援・指導	評価
	・将棋が強くなり，家族では相手ができない。	・地域の将棋サークルに行くようにした。	・好きなことを行う中で，少し社会性がついた。

（太田 裕子）　143

5 障害者差別事象の対応例

　教育現場で，今までに障害のある生徒へどのような差別事象が実際にあったのでしょうか。また，その対応例からどのようなことに留意する必要があるのでしょうか。

1.教育現場での差別事例

　障害者差別解消法の啓発などのために，多くの都道府県で各分野での具体的な障害者差別の事例を紹介しています。内閣府のホームページにおいても「合理的配慮等具体例データ集『合理的配慮サーチ』」として紹介しています。(http://www8.cao.go.jp/shougai/suishin/jirei/cases/case_0030.html)

　教育分野においては，例えば，岩手県の事例として，以下のような障害のある児童生徒への差別事象を抜粋して示しています。

【本人などの意向を無視した就学先や教育内容の決定】
・進路を決定する際に，子どもの状態だけで学校の選択を勧められる。
【教育・育成への受入れの拒否】
・視覚障害を理由に学校の入学を拒否された。「他の学生にとっても，教師にとっても障害者の存在は迷惑」といわれた。
【教育・育成への受入れの制限】
・入学時や授業を受けるとき，修学旅行などで必ず家族同伴を条件にされる。
【授業や学校生活における差別的な取り扱い】
・「卒園式には来ないで下さい」といわれた。
【授業や学校生活における差別的な言動】
・九九や時計の見方を子どもに教えていたら，学校の先生から，「そんなことを教えても，大人になって私たちもあまり使わないでしょう」といわれた。　　　　　（抜粋）

　また，クラスの中で，他の児童生徒からのいじめや無視などへの対応をしてもらえなかったり，学習面などへの個別の対応の要望を拒否されたりすることも報告されています。

　このような例は，「無理やり小学校や中学校に入ってきたのだから本人や保護者が我慢すべきだ」，「他の児童生徒の教育も行っているのだから一人だけ特別対応はできない」，「他の児童生徒の学習の迷惑になる」などと，居丈高な態度で臨んできた事例です。

　しかし，障害者差別解消法が施行されてからは，このような態度自体が障害者差別そのものであり，法令違反となるものであることを十分に認識しなければなりません。

2.障害者差別解消法施行後の差別事象

　2018年の一つの事例ですが，私立高校の発達障害の女子生徒に，担任が差別的な発言をくり返したことで，適応障害となり転校せざるを得なくなってしまい，保護者が暴行や名誉毀損，侮辱の容疑で教師個人を告訴しました。「障害者が来る学校ではない」「ほかの学校に行ったほうがいい」などと侮辱した発言が挙げられています。この事例では，保護者は法務局に人権救済の申し立ても行っています。

　もう一つは，同じく2018年の事例ですが，重度障害を理由に就学先を県の特別支援学校に指定されたのは差別であるとして地裁に提訴した例があります。両親の希望通りに地元の小学校へ

の通学を認めるよう求めています。就学先の指定を巡って行政の違法性を問う訴訟は，障害者差別解消法施行後初めてとなります。

また，千葉県は「障害のある人もない人も共に暮らしやすい千葉県づくり条例」を早くから制定（2006）していますが，事前に寄せられた「障害者差別にあたると思われる事例」の中にも多くの差別事例がありました。

中学校に関しては，修学旅行などに「何か起きてからでは遅いので」「安全のため」「職員は他の子どもたちで大変なので」等の理由で親の付き添いを求められた例や，通常学級で各教科の遅れを調べる目的で知能テストを受けさせられ，「○○ができない。何歳レベル」といわれ，特別支援学校等を勧められた例などが紹介されていました。

さらに，神奈川県茅ヶ崎市では，他の生徒の内申書に影響するとの理由で，中学校特別支援学級の生徒は部活動に入らないように誘導された例（茅ヶ崎市保健福祉部障害福祉課　2016）などの差別事例もありました。

今後，裁判の行方や判例を参考にし，自治体としても，教育委員会としても，また，学校としても個人としても法令違反とならないよう，基本的な理解と対応上の留意点などについて，しっかりと研修を行っていくことが重要となります。

3. 対応の基本

「文部科学省所管事業分野における障害を理由とする差別の解消の推進に関する対応指針について（通知）」（27文科初第1058号）において，「不当な差別的取扱い」及び「合理的配慮」の基本的な考え方が示されています。また，各都道府県においても教育分野での対応の指針や職員対応要領等が示されていますので参考にしてください。

①不当な差別的取り扱いに関しては，障害者に対して，正当な理由なく，障害を理由として，財・サービスや各種機会の提供を拒否する，場所・時間帯などを制限する，障害者でない者に対してはつけない条件をつける，ことなどによる障害者の

権利利益の侵害であることに留意しましょう。

また，正当な理由に相当するのは，「障害者に対して，障害を理由として，財・サービスや各種機会の提供を拒否するなどの取扱いが客観的に見て正当な目的の下に行われたものであり，その目的に照らしてやむを得ないと言える場合である。行政機関等及び事業者においては，正当な理由に相当するか否かについて，個別の事案ごとに，障害者，事業者，第三者の権利利益（例：安全の確保，財産の保全，事業の目的・内容・機能の維持，損害発生の防止等）及び行政機関等の事務・事業の目的・内容・機能の維持等の観点に鑑み，具体的場面や状況に応じて総合的・客観的に判断することが必要である。行政機関等及び事業者は，正当な理由があると判断した場合には，障害者にその理由を説明するものとし，理解を得るよう努めることが望ましい」としています。

②合理的配慮に関しては，障害者から現に社会的障壁の除去を必要としている旨の意思の表明があった場合に，その実施に伴う負担が過重でなければ，障害者の権利利益を侵害することとならないよう，社会的障壁を除去するための必要かつ合理的な取り組みであること，また，合理的配慮の内容は，固定的なものではなく，技術の進展，社会情勢の変化等に応じて変わり得るものであることにも留意しましょう。

（半澤　嘉博）

6 放課後等デイサービスと学校の連携例

当該生徒は，学校が終わると「放課後等デイサービス」へ通っていますが，そこでどのようなことをしているのかよくわかりません。当該生徒の指導のために，連絡を取りあったほうがいいのでしょうか。

ここでは，「放課後等デイサービス」との連携に関して，具体的な事例を基に解説していきますが，まずは放課後等デイサービスとはどのような取り組みなのか説明しましょう。

1. 家庭・教育・福祉の連携の必要性について

支援の必要な児童生徒やその保護者に対しては，乳幼児期から学齢期，社会参加に至るまで，地域における切れ目ない支援体制の整備が必要です。そこで文部科学省と厚生労働省ではこの課題を「トライアングル」プロジェクトで検討し，2018年5月に通知を出しました。この通知において，学校と放課後等デイサービスの連携の強化が謳われています。

2. 放課後等デイサービスとは

放課後等デイサービスは，学校教育法第一条に規定する学校（幼稚園及び大学を除く）に就学している障害のある児童生徒に対して，放課後や夏休み等の長期休業中における活動の場を提供するものです。放課後等デイサービスは，児童生徒の活動の場としてだけではなく，保護者支援として次のような役割もあります。

①子育ての悩みなどに対する相談を行う。

②家庭内での養育などについて，児童生徒の育ちを支える力をつけられるよう支援する。

③保護者の時間を保障するために，ケアを一時的に代行する支援を行う。

3. 放課後等デイサービスの活動

放課後等デイサービスの対象は，6歳から18歳までの小学校や特別支援学校の小学部から高等学校等までの児童生徒で，一人ひとりの状態に即した放課後等デイサービス計画（＝個別支援計画）に沿って発達支援が行われています。具体的には次のような活動が行われています。

ア　自立支援と日常生活の充実のための活動

イ　創作活動

ウ　地域交流の機会の提供

エ　余暇の提供

こうした活動は，学校における教育活動と共通する部分がとても多いことから，放課後等デイサービスと学校の連携が非常に重要となります。

4. 学校と事業所との具体的な連携方法

それでは，学校は放課後等デイサービスの事業所と，具体的にどのような連携をとることが必要でしょうか。

①役割分担を明確にする。

②年間計画や行事予定等の情報を交換して共有する。

③事業所が車で学校に迎えにくる際の対応について事前に調整する。

④下校時のトラブルや児童生徒の病気・事故の際の連絡体制について事前に調整し，対応マニュアルを作成する。

⑤保護者の同意を得た上で，学校の「個別の教育支援計画」と事業所の「放課後等デイサービス

計画」を共有する。

　⑥気になることがあった場合の情報等を，保護者の同意のもと，連絡ノートなどを通して，共有する。

　このように，学校と放課後等デイサービス事業所が密な連携をとることは，児童生徒にとっての切れ目のない支援を提供するために必要であり，大切な取り組みとなります。

5.具体的な連携事例

　次に，具体的な連携事例を紹介します。

○当該生徒

・中学校3年生男子／通常学級在籍／知的障害

・放課後等デイサービス週3日利用

○経緯

・放課後等デイサービス事業所から依頼があり，中学校でケース会議を開くことになった。事業所における当該生徒の行動上の課題について，支援員が対応について相談したいとのことであった。そこで，保護者を交えてケース会議を行った。

○課題

・放課後等デイサービス：本事業所には特別支援学級の児童生徒も通ってきており，一緒に活動している。当該男子生徒は，特別支援学級の児童生徒を見下すようなところがあり，「そんなことも知らないのか」「こんなこともできないのか」といった発言がしばしば見られ，指導に困っている。

・保護者：親の財布から勝手にお金を持ち出すことがこれまで3回あった。中学校を卒業したら特別支援学校に進学し，その後は就職させたいので，社会常識を身につけさせたい。

・学校：学校では，あまりこうした行動は見られない。目立った行動もなく注意されることも少ない。自分を主張したり自由にふるまう機会が少ないので，その反動としてそのような言動をしているのかもしれない。

○対応

　こうした情報を総合し，関係機関が連携して役割分担を明確にした上で，次のことを確認した。

・放課後等デイサービス：当該男子生徒の好きなことや得意な活動を増やし，自己肯定感を高めながら他の児童生徒への関心をよい方向に導く。

・保護者：学校と情報共有をしながら進路のことを考え，少しずつ本人の自覚を促していく。

・学校：ロールプレイなども活用しながら，登下校時のルールや，日常的な自己管理，とってはいけない行動などについて指導していく。

・共通して取り組むこと：本人への話し方として，否定的ないい方ではなく，肯定的な伝え方を心がけながら支援してく。

　その後，中学校卒業後に入学する予定となっている特別支援学校高等部の相談担当者も加わり，ケース会議が行われました。このように，学校と放課後等デイサービスの事業所の連携は，障害のある生徒の生活全般を支援することにつながる大切な取り組みといえます。

参考資料
厚生労働省社会・援護局障害保健福祉部障害福祉課，文部科学省初等中等教育局特別支援教育課．児童福祉法等の改正による教育と福祉の連携の一層の推進について．事務連絡．2012.4.18.
文部科学省初等中等教育局特別支援教育課，文部科学省生涯学習政策局社会教育課．放課後等デイサービスガイドラインにかかる普及啓発の推進について（協力依頼）．事務連絡．2015.4.14.

（鎌倉女子大学准教授　伊藤 大郎）

7 校内委員会や事例検討会は，どのように開催したらよいのでしょうか。

現在では，すべての学校に特別支援教育の校内委員会の設置と特別支援教育コーディネーターが配置されています。しかし，特別支援教育コーディネーターが校内委員会や事例検討会を実際にどう組織して，効率的に運用しているのかよくわかりません。具体例を教えてください。

1. 校内支援体制

すべての学校で特別支援教育コーディネーターの指名や校内委員会の設置等，特別支援教育の「校内支援体制作りの推進」の取り組みがされています。特別支援教育コーディネーターは，管理職の下で校内委員会を組織し，組織的な体制を作り，関係機関等との連携を図って，特別な教育的支援を必要とする生徒の支援に取り組んでいくとても重要な役割を担っています。

まずは校内委員会の組織化と運営，次に事例検討の効率的な開催について考えていきます。

2. 校内委員会

各校の校内委員会は，学校の実情に合わせて様々な形態で組織されていると考えられます。以下に，校内委員会の組織化と運営について一つの事例を考えてみましょう。

・校内委員会を学校分掌組織として位置づけする。

・特別支援教育コーディネーターは複数名を指名する。

・特別支援教育コーディネーターが中心となって校内委員会を定期的に開催する。できれば，時間割に校内委員会の時間を設定して毎週1回開催する。

・構成メンバーは校長，特別支援教育コーディネーター（複数名），生活指導主任，養護教諭，各学年から教師1名，スクールカウンセラーなど，校内の実情に合わせて構成する。

・校内委員会では，対象生徒の実態や対応について情報交換をし，話し合われた内容については開催ごとに全教職員に報告する。生徒の個人情報が記載されているため，回覧して特別支援教育コーディネーターが回収する。

校内委員会の構成メンバーや開催日等の設定は，各学校の実情に合わせて現実的な取り組みをすることが大切です。委員会はできているが，機能していないことがないようにしましょう。

3. 事例検討会

事例検討会はケース会議として扱っている学校もあると思いますが，校内での支援を検討するために開催します。場合によっては，校内委員会と併せて実施することもあるかと思います。

校内委員会と違って定期的に開催する必要はないので，特別支援教育コーディネーターが中心となって，必要なときに校内委員会と別に，支援が必要な生徒の学級担任や授業で具体的な支援を要する教科担任などに声をかけて，開催するといいでしょう。

会議を効率的に運営するためには，提出書類や案件の内容などを学級担任や担当者と事前に打ち合わせて，現実的で具体的な支援策を検討することが大切です。

●支援を検討するための話し合い

「生徒がどのようなことで困っているか」を学級担任や教科担任と情報交換して，生徒の行動や背景を探りながら支援の仮説を立て，短期目標を

決めることが事例検討会の狙いです。

　検討した支援は，すぐに実践し効果がなければ新たに検討し直すことが大切です。また，現実的な「できる支援」を検討したほうがよいでしょう。そして，「個別の指導計画」に記載し，校内委員会に報告すると共に，全教職員で確認することが大切です。

●特別支援教育コーディネーターはコミュニケーションが大切

　校内委員会や事例検討会を開催し，情報交換や具体的な支援策を検討し具現化するためには，特別支援教育コーディネーターがそれぞれの教職員とコミュニケーションを十分に図って円滑な会議運営をする必要があります。

　また，「〇〇君は学級ではどうですか」「〇〇さん，授業中はどうですか」「定期テストでルビつきの問題にしましたが，〇〇君はどうでしたか」など，日ごろから関わりのある学級担任や教科担任と情報交換を行って認識を共有することが必要です。

●校内研修としての取り組み

　事例検討会を実効的に開催していくためには，「どのような観点で対象生徒の支援を検討していくか」について研修を通して習得していくことも必要です。そのために，本校では特別支援教育についての研修を年2回計画・実施しています。

　研修の目標は，次のように考えています。

・個別の指導計画と「個別の教育支援計画」の違いを理解し，作成することができる。

・支援が必要な生徒のみならず，生徒理解に基づく指導の取り組みができる。

・教員誰もが，教育的支援が必要な生徒への対応ができる。

　また，具体的な研修については，次のような取り組みをしています。

・年度当初に生徒の情報交換を行い，個別の指導計画の作成をする生徒を決める。

・1月の校内研修会では，スクールカウンセラーや巡回相談員にも参加してもらい，事例研究会を実施する。学年別などのグループ編成をし，

特別支援教育コーディネーターなどの役割を決め，事例に基づき話し合いをする。支援が必要な生徒の実態や外部機関等との連携など具体的に話を進め，個別の教育支援計画を作成する手順を研修する。

4. 発達段階に応じた対応

　中学校での教育的支援が必要な生徒への対応は，とても難しいケースが多いです。それは，二次障害により「自己肯定感が低い」「やる気がない」「不登校」「非行」などの問題が生じるためです。二次障害は，障害特性そのものだけでなく，生徒を取り巻く環境的な要因もあるかもしれません。

　校内委員会や事例検討会を開催するときは，生徒理解に基づき，生徒が安心して学校生活を送れるように情報を共有して，よりよい支援ができるようにすることが大切であることを念頭に置きましょう。

　支援の方法は，具体的で，そして教職員の誰もができるような方法を考えることが大切です。一部の教員しか関わらないのではなく，学校全体として取り組むことが必要です。「誰もができる特別支援教育」の実現を目指してください。

（山田 貴之）　149

8 特別支援教育体制をどのように構築していけばよいのでしょうか。

各学校や各地域では，特別支援教育体制が構築されてきましたが，その進みぐあいは各学校間・地域間で格差があるようです。体制整備のために，どのような取り組みをしていけばよいのでしょうか。

「2017年度特別支援教育体制整備状況調査結果（文部科学省）」によると，全国の公立中学校において，「校内委員会の設置」「特別支援教育コーディネーターの指名」については，100％設置されているという結果が示されています。また，「個別の指導計画の作成」は92.5％，「個別の教育支援計画の作成」も85.6％と，10年前の2007年度に比べて大幅に増加している状況がわかります。

それでは現状は，校内の特別支援教育の体制作りは十分に進んだといえるでしょうか。現実には，特別支援教育コーディネーターの多忙さ，校内のコミュニケーション不足，学校全体の特別支援教育に対する意識格差など様々な課題があり，円滑な校内支援体制の構築には悩みが多いというのが実感ではないでしょうか。

教科担当制の中学校では，書類を工夫することで，負担感なく円滑な校内体制を築くことができます。以下は，本校の試案として提案します。

1. 情報の共有と支援の共通化がカギ

①校内委員会のレジュメを工夫する

第　　回　校内委員会　レジュメ　　作成日　年　月　日

	組	名前	現状	指導・支援の手立て	評価
1年					
名前のみ					

指導・支援の手立て：情報交換に終わらせないように「手立て」を協議する。

評価：指導・支援してみてどうだったかを記入する。

名前のみ：上記に挙げるほどではないが，気にして見ていく生徒名を記入する。状況によって，上記との入れ替えも協議の上，可とする。

②「共通理解シート」で情報を集約する

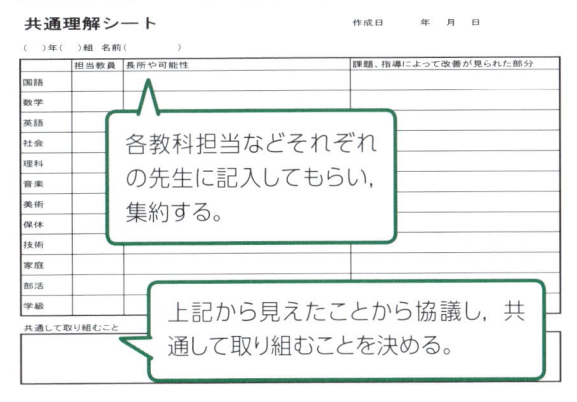

共通理解シート 作成日　年　月　日

各教科担当などそれぞれの先生に記入してもらい，集約する。

上記から見えたことから協議し，共通して取り組むことを決める。

校内委員会で，気になる生徒が挙がったら，教科担当等に依頼し，情報を多面的に集めます。そこから見えた本人の特性や，各担当者が工夫していることを校内委員会等で検討し，全員が共通して取り組むことで，生徒の変容が見え，指導している実感を得ることができます。

③「個別の指導計画」の一歩手前の「指導・支援シート」で共通して指導・支援する

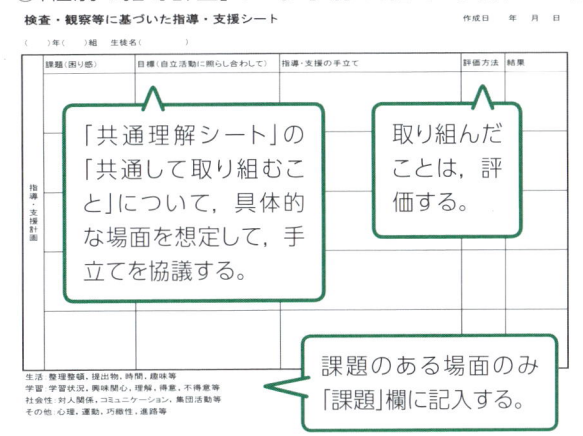

検査・観察等に基づいた指導・支援シート 作成日　年　月　日

「共通理解シート」の「共通して取り組むこと」について，具体的な場面を想定して，手立てを協議する。

取り組んだことは，評価する。

課題のある場面のみ「課題」欄に記入する。

生活　整理整頓，提出物，時間，趣味等
学習　学習状況，興味関心，理解，得意，不得意等
社会性　対人関係，コミュニケーション，集団活動等
その他　心理，運動，巧緻性，進路等

「共通理解シート」より一歩進んだ書類です。特に検査を受けた場合は，客観的結果に基づき，専門家の助言を入れた指導・支援を確実に共通して行うことが大切です。「個別の指導計画」よりハードルが低く，校内でのみ作成する共通指導・支援シートです。

2. 研修会の工夫

教員の困っていることにフィットし，指導・支援された生徒もウィンウィンになれる研修会が効果的です。校内委員会や学年会単位で行う柔軟性も必要です。以下は，その例です。

【特別支援教育の理解】(全体)
①発達障害の理解
②WISC-Ⅳの実際
③数値からわかること
④数値以外に大切なこと
⑤指標ごとの解釈

【配慮の必要な生徒の事例検討会】(学年会)
事前に2～3名程度の事例の提示
各学年へ講師派遣
①学年からそれぞれ実態の報告
②効果があった指導・支援の報告
③講師よりアドバイス
＊全体で1時間程度で可。

【仮想事例検討会】(例)

①日ごろの様子	② WISC-Ⅳの検査結果	③結果から考えられる特性	④考えられる支援の内容
指示の理解は良好	全検査IQは良好		
聞き逃らしが多い	WMIの値が低い	個人で考えたのち，グループで協議する。専門家の講評を最後に加える。	
複数の指示を混同	VCIの値は平均値		
整理整頓が苦手	PRIの値は平均値		

【新学習指導要領の理解】(全体)(教科)
①「総則」に配慮の必要な生徒への手立てが書かれた目的の理解
②各教科の「解説」に書かれていることの理解
③教科部会で，効果のあった手立ての共有・協議

編集著作者

半澤 嘉博
（東京家政大学家政学部児童教育学科教授　理論編①②⑪, 資料編⑤）

著者（あいうえお順）

相澤 雅文
（京都教育大学教育学部発達障害学科特別支媛教育臨床実践センター教授　理論編⑤⑧）

阿部 陽一
（白鵬女子高等学校校長　Q&A編㉗㊴㊵）

池尻 加奈子
（東京都中野区立上高田小学校　Q&A編⑮㉞）

池谷 芳彦
（東京都瑞穂町立瑞穂中学校校長　Q&A編㉖㉜）

池本 喜代正
（宇都宮大学教育学部特別支援教育講座教授　理論編⑨, Q&A編㉟㊱）

石坂 光敏
（東京都巡回相談心理士・臨床発達心理士　Q&A編⑲⑳㉑㉒）

伊藤 大郎
（鎌倉女子大学教育学部教育学科准教授　資料編⑥）

大鹿 綾
（筑波技術大学障害者高等教育研究支援センター障害者基礎教育研究部講師　資料編②）

太田 裕子
（聖徳大学大学院教職研究科教授　資料編③④）

大林 朋子
（岩手県盛岡市立厨川中学校　Q&A編⑧㊸）

大和田 邦彦
（東京都日野市立七生緑小学校校長　Q&A編㉓㉔）

加藤 明
（元東京都足立区立伊興中学校校長　Q&A編⑤⑥, 資料編①）

茅原 直樹
（東京都江戸川区立二之江中学校校長　理論編⑫）

菊池 明子
（岩手県立盛岡みたけ支援学校　Q&A編⑩⑪）

佐々木 全
（岩手大学大学院教育学研究科准教授　Q&A編㊼㊽㊾）

佐々木 弥生
（岩手大学教育学部附属特別支援学校　Q&A編②③）

笹森 洋樹
（独立行政法人国立特別支援教育総合研究所発達障害教育推進センター上席総括研究員（兼）センター長　Q&A編㉙㉚）

菅原 慶子
（岩手県立前沢明峰支援学校指導教諭　Q&A編①㊻）

妹尾 浩
（明星大学教育学部教育学科特任教授　理論編④）

髙岡 麻美
（東京都府中市立府中第三中学校校長　Q&A編⑨㉝㊲㊳, 資料編⑧）

高橋 縁
（岩手大学教育学部附属特別支援学校所属　Q&A編⑫）

滝田 充子
（岩手県立花巻市立石鳥谷中学校　Q&A編㉘㊹）

田口 ひろみ
（岩手大学教育学部附属特別支援学校　Q&A編⑬⑭）

千葉 正法
（東京都多摩市立青陵中学校校長　理論編⑬, Q&A編㉛）

戸田 純子
（東京都教職員研修センター研修部授業力向上課教授　Q&A編㊶㊷）

中西 郁
（十文字学園女子大学人間生活学部児童教育学科教授・特別支援教育センター長　理論編⑥）

名古屋 恒彦
（植草学園大学発達教育学部教授　理論編⑩）

増田 謙太郎
（東京学芸大学大学院教育科准教授　Q&A編⑯⑰⑱）

三田 祐一
（岩手県立盛岡ひがし支援学校指導教諭・学校心理士　Q&A編④㊺）

明官 茂
（明星大学教育学部教授　理論編③⑦）

森山 貴史
（青森県総合学校教育センター特別支援教育課指導主事　Q&A編㊼㊽㊾）

山田 貴之
（東京都中野区立第七中学校主任教諭　Q&A編⑦, 資料編⑦）

中学校 学級担任のための
よくわかるインクルーシブ教育 課題解決Q&A

2019年9月2日　発行

発　行　　開隆堂出版株式会社
　　　　　代表者　大熊隆晴
　　　　　〒113-8608　東京都文京区向丘1-13-1
　　　　　電話03-5684-6116（編集）
　　　　　http://www.kairyudo.co.jp/

発　売　　開隆館出版販売株式会社
　　　　　〒113-8608　東京都文京区向丘1-13-1
　　　　　電話03-5684-6118（販売）

印　刷　　壮光舎印刷株式会社

表紙・本文デザイン・イラスト／ソフトウェーブ株式会社